Spanish Novels

La fuga

(Spanish Novels for
Advanced Learners - C1)

PACO ARDIT

*To all the Spanish learners
who are putting forth effort
to learn the language*

The Author

Best Free Resources for Spanish Learners (PDF)

Download the free PDF gift and get other freebies and bonuses from Spanish Novels by email:

Suscribe to claim your gift:

https://spanishnovels.net/gift/

The Book & the Author

La fuga is an Advanced (C1) Reader for Spanish learners. The book is written in a simple and direct style. In the advanced titles you'll notice that the chapters and sentences are longer and more complex. In order to help you start thinking in Spanish, <u>no English translations</u> are provided.

Paco Ardit is a Spanish writer and language teacher living in Argentine since the 1980s. He loves helping people learn languages while they have fun. As a teacher, he uses easy readers with every one of his students. Paco speaks Spanish (his mother tongue), and is fluent in French and English.

Website

spanishnovels.net

Follow us on Social Media!

facebook.com/spanishnovels

instagram.com/spanishnovels

Free Online Exercises

Get free access to a complementary set of online exercises based on the Spanish Novels Series. All the exercises were designed by Paco Ardit to help you get the most out of your readings.

La fuga exercises

https://spanishnovels.net/la-fuga-exercises

All the exercises

https://spanishnovels.net/exercises

Audiobook & E-book Packs – Discounted Price

Do you want to get the most out of your reading practice? Get the Bundle Packs (Audiobooks + E-books) at a discounted price. Read and listen the stories at the same time, for the best learning experience. The Bundle Packs include e-book versions in .mobi, .epub, and .pdf format + full audiobooks in high quality MP3 format. Access the files online or download them to your devices! Get your Bundle Packs at **https://www.spanishnovels.net.**

Who Should Read This Book

La fuga is intended for Advanced Learners (C1). I assume you have a very good command of Spanish. At this level you are comfortable reading long texts that express ideas, feelings, and other abstract things. You understand a lot of what you read in Spanish.

Contents

Capítulo 1

El primer día de cada mes era día de peluquería. No importaba si era lunes, miércoles o domingo. Los primeros de mes todos los reclusos debían pasar por la peluquería para que Guillermo les corte el cabello. La mayoría le pedía que le corte con máquina, lo más corto posible. Era la mejor manera de mantenerse limpios y frescos, especialmente ahora que se acercaba el verano. No solo quedaba bien y estaba de moda. También era el mejor modo de no diferenciarse de los demás, de no llamar la atención.

Guillermo era uno de los pocos presos con experiencia profesional como peluquero. Cuando le ofrecieron la oportunidad de cortarle el cabello a sus compañeros y a los empleados de la cárcel, no lo dudó ni un segundo. Sabía que, en la cárcel, acceder a un trabajo era todo un privilegio. El dinero era lo de menos. A cambio de este trabajo le pagaban una suma de dinero simbólica que no alcanzaba más que para comprar un par de paquetes de cigarrillos.

Definitivamente, no lo hacía por el dinero. Lo que le interesaba era tener acceso a otros elementos a los que nadie podía acceder: tijeras, peines, ceras, cremas y otros productos. Nunca se sabía cuándo se podía llegar a necesitar alguno de estos elementos. Tener acceso a la peluquería le daba una sensación de poder, algo que estaba fuera del alcance del resto de los presos.

Los primeros días de mes Guillermo debía estar en la peluquería desde las 9am hasta las 4pm. Había distintos turnos para cortarse el cabello: uno por la mañana y otro por la tarde. A Guillermo le costaba entender por qué debía cortarle el cabello a tanta gente. Porque no eran solamente los presos: también debía cortarle el pelo a los guardiacárceles y a los empleados que trabajaban en la prisión todos los días. Incluso a las mujeres.

Lo más rápido siempre era cortar con máquina, pero no a todos los presos les gustaba. En esos casos, Guillermo les hacía un corte muy rápido con tijera.

Como le habían dicho al momento de empezar a trabajar: *"No más de 10 minutos por persona. 10 minutos por corte. Nada más"*. Lo que era un verdadero desafío. Más de una vez los reclusos se habían quejado por esto. Sabían que Guillermo era un excelente peluquero y estilista, y no querían perder la oportunidad de salir con un buen look. Pero, las reglas eran las reglas, y al final de los 10 minutos sonaba una alarma que indicaba el fin del corte de pelo. Un empleado de la prisión se encargaba de asegurar que nadie siga sentado por más de 10 minutos en el asiento del peluquero. Otra persona debía ir juntando todo el cabello que caía al suelo y embolsarlo cuidadosamente. Y un tercero se ocupaba de mantener el orden y el buen clima entre los presos que esperaban a que llegue su turno.

Aunque era un solo día al mes, la cantidad de cabello que se juntaba en la peluquería de la cárcel era descomunal. Guillermo se acordaba de las épocas en que trabajaba en la peluquería de Buenos Aires. Allí se trabajaban casi 12 horas al día, pero la cantidad de pelo que se acumulaba no se acercaba ni por lejos a lo que veía una vez por mes en la prisión de Chile. *"Este es un excelente negocio"*, pensaba Guillermo. *"Comprar y vender cabello. Si no estuviera preso probablemente podría dedicarme a ello"*. En ese entonces, jamás se le hubiera ocurrido que podría empezar a hacerlo aún mientras estaba en la prisión.

Todo empezó de forma casual, sin quererlo. Era la última hora de cortes de cabello, de 3 a 4pm, y aún le faltaba cortarle el cabello a unos 8 reclusos. Pero Guillermo era un verdadero profesional, por lo que a las 4pm los 8 presos tenían su corte de cabello. Uno de los directores de la prisión justo pasaba por la peluquería, cuando alguien le mencionó lo que acababa de suceder. *"Este peluquero tiene un talento especial. Es el primero que trabaja de esta manera"*, dijo el director, en tono de elogio. *"Por ninguna razón debe dejar su puesto aquí como peluquero. Si se va será muy difícil conseguir un reemplazo. Si les pide algo, hagan lo posible por dárselo. Consiéntanlo, denle todo lo que quiera. Así lo mantendremos contento y trabajando"*.

Al final de la jornada de trabajo, uno de los empleados le preguntó a Guillermo: *"¿Todo bien, Guillermo? ¿Necesitas algo para la próxima, para trabajar mejor? Dinos lo que necesites"*. Era la primera vez que alguien le preguntaba algo así dentro de la cárcel. El empleado notó la cara de sorpresa de Guillermo enseguida. De hecho, a él mismo también le resultaba muy extraño el estar haciendo preguntas de forma tan amable. Sencillamente, así no era como funcionaba el ambiente de la cárcel. A decir verdad, en la cárcel era todo lo contrario. Guillermo pensó durante unos segundos, llevándose la mano al mentón. Dio un vistazo a la mesa con todos los elementos necesarios para cortar el cabello: tijeras, peines, vaporizador de agua, máquinas de cortar cabello, etc. La verdad es que tenía todo lo que necesitaba. De todos modos, no podía dejar pasar esta oportunidad. Necesitaba pedir algo. Lo que sea.

-*Me gustaría llevarme el cabello que corto.*
-*¿El cabello que cortas? ¿Y para qué?*

-Es para un emprendimiento personal -respondió Guillermo-. *Algo que quiero seguir haciendo afuera. Pelucas con pelo natural. Usaría el cabello para armar pelucas, para poder venderlas cuando salga de la prisión.*

-Okay. Déjame hablar con el director y te digo.

Al día siguiente, el empleado le dijo que podía llevarse todo el cabello que necesitara. A decir verdad, la primera motivación para pedir el cabello había sido Ariel. Todo había empezado como una idea para fabricar una peluca para Ariel, su pareja dentro de la cárcel. Guillermo hacía todo lo posible para consentir a su pareja, para que se sienta bien. En su opinión, Ariel merecía esto y mucho más. Especialmente, después de haber compartido más de 10 años como pareja.

Capítulo 2

Se conocieron en el 2005, un viernes por la noche en un bar gay de Viña del Mar. Aquel verano Guillermo había ido a ese bar solo, sin conocer a nadie. Cuando Ariel entró al bar, recuerda haber sentido algo en ese mismo instante. Fue como un amor a primera vista, pero distinto a cualquier cosa que se hubiera imaginado. Lo vio y se enamoró instantáneamente. Aunque esto sucedió hace ya más de 10 años, Guillermo lo recuerda como si hubiera sido ayer.

Ariel tenía el cabello largo, de color negro, y lo llevaba atado de forma muy prolija. Por su rostro no aparentaba tener más que unos 20 años. Más tarde, cuando empezaron a hablar, fue una sorpresa enterarse de que tenía casi 30. Ariel era una de esas personas que apenas se veían afectadas por el paso del tiempo. Cuando todo el mundo a esa edad ya empieza a tener canas, arrugas y otros signos de envejecimiento, Ariel sigue tan joven como nunca. Esto era especialmente cierto con su piel. Eso fue lo que -desde un primer momento- más le llamó la atención a Guillermo. Fue por eso que al principio dudó de si era un hombre o una mujer.

Después de cruzar la puerta del bar, Ariel fue directamente a la barra. Tomó asiento en una de las banquetas altas y le pidió al barman:

-Un gin tonic, por favor.
-Cómo no.
-Con un poco de hielo, si puede ser -agregó Ariel.
-Sí, ningún problema.

Guillermo lo miraba a la distancia, esperando el momento ideal para acercarse a la barra. Por un momento pensó que tal vez estaría esperando a alguien. *"Lo más prudente sería esperar unos 15 o 20 minutos. Si después de 20 minutos sigue solo, me acerco a hablarle"*, pensó. Pasaron 5, 10 minutos, y Ariel seguía solo. Ni siquiera miraba su reloj o el celular, para chequear la hora o si había recibido algún mensaje nuevo. Una vez pasados los 20 minutos, Guillermo se acercó a la barra y le preguntó:

-¿Te puedo invitar otro gin tonic?
-Sí, claro -respondió Ariel, con una sonrisa sutil.
-Es la primera vez que te veo por acá. No sos de la ciudad, ¿no?
-No... soy de Valparaíso. Tú tampoco eres de aquí. ¿Argentino?
-Sí, de Buenos Aires.
-¿Qué te trae por aquí, a Chile? -le preguntó Ariel.
-Viaje de placer. Conocer gente. Hacer amigos. Y tal vez algo más -respondió Guillermo, con una sonrisa audaz-. *¿Y vos? ¿Estás visitando Viña del Mar por un tiempo nada más?*
-Sí, hasta el próximo lunes. Vine a visitar a unos amigos. La semana que viene regreso a Valparaíso. Fue una "escapada" de solo unos días. Tengo muchas cosas que atender allí.

Esa noche se quedaron hablando en el bar hasta las 4am. Enseguida se dieron cuenta de que tenían muchas cosas en común. Después de charlar durante varias horas, Guillermo lo invitó a su departamento. Los días siguientes volvieron a encontrarse y hablaron por teléfono. La segunda vez que se vieron Ariel llegó vestido de mujer. A Guillermo no le sorprendió en absoluto: en la charla del bar Ariel ya le había contado que era travesti, que se sentía como *"una mujer en el cuerpo de un hombre"*. Por eso, solo cuando se vestía y maquillaba como una mujer podía decir que se sentía verdaderamente cómodo consigo mismo. Entonces sí que había una perfecta sintonía entre lo que sentía internamente y lo que le mostraba al mundo a través de su ropa, su maquillaje y sus accesorios. A Guillermo le encantaba verlo vestido de esa manera. Sabía que eso era lo que lo hacía más feliz. A su vez, Guillermo le había confesado a Ariel que se dedicaba a robar bancos. Ariel pareció comprenderlo y aceptarlo de inmediato. De hecho, hasta le pareció algo digno de admiración. Algo que en un futuro hasta podría llegar a probar.

Durante esos días formaron una conexión tan fuerte que Ariel decidió quedarse un tiempo más en Viña del Mar. Después de unos 10 días decidieron ir a Santiago de Chile. Ariel debió hacer unos cuantos cambios de planes, pero realmente valió la pena. Tenía muchas ganas de profundizar esta conexión que acababa de hacer con Guillermo. Era la primera vez que conocía a un hombre como él. Alguien que lo aceptaba y que lo quería así tal cual era. Era la primera vez que conocía a alguien con quien podría estar en pareja, como si fuera una mujer.

En Santiago de Chile hicieron los primeros robos a bancos pequeños. Guillermo le enseñó a su nueva pareja todos los trucos y los secretos del oficio. El objetivo era apuntar a blancos cada vez más grandes. Y eso no tardaría mucho en llegar. El robo al Banco Nación era el más ambicioso jamás planeado por ellos hasta el momento. Sabían que era arriesgado, pero no les importaba en lo más mínimo. En esta oportunidad usaron una vez más su truco favorito: se vistieron y maquillaron como mujeres, haciéndose pasar por empleadas bancarias de otra sucursal. Con las identificaciones que habían conseguido lograron entrar a la línea de cajas del banco sin mayor inconveniente, y desde allí al Tesoro del banco. Todo iba de maravillas, hasta que uno de los empleados bajó al Tesoro para hacer el chequeo diario. Guillermo le disparó de inmediato con un arma con silenciador, matándolo en el acto. Ese fue solo el primero de los empleados que se cruzaron en su camino hasta salir del banco con casi 1 millón de dólares.

Ese día, mientras escapaban de la policía Ariel y Guillermo le dispararon a nueve personas, matando a cuatro de ellas. Aunque lograron escapar de la persecución policial, la policía los atrapó en menos de una semana. En el juicio se los condenó a 35 años de prisión, por robo agravado y homicidio múltiple. Ya hace casi 5 años que cumplen condena en la *Prisión de Máxima Seguridad de Santiago de Chile*. Y de algo están seguros: ninguno de los dos está dispuesto a pasar 30 años más de sus vidas allí.

Capítulo 3

Ser homosexual en una prisión de máxima seguridad no es nada fácil. Guillermo y Ariel lo saben mejor que nadie. Desde el día en que llegaron a la cárcel tuvieron que vencer mil y un obstáculos para poder vivir con al menos un poco de tranquilidad. Los reclusos se dieron cuenta de inmediato que eran pareja, y aprovechaban cada oportunidad que se presentaba para molestarlos y burlarse de ellos. No es que no hubiera otros gays en la prisión, el problema era que los homosexuales eran mal vistos. Especialmente si se mostraban levemente femeninos. En esta prisión, por otra parte, no había un pabellón para homosexuales (como sí había en muchas otras cárceles del mundo). Guillermo sabía que en Buenos Aires y en Montevideo era distinto, por algunos amigos que le habían hablado sobre el tema. En esas ciudades los presos gay no sufrían el abuso físico y mental al que estaban expuestos los homosexuales en las prisiones comunes.

Por su forma de ser, el que se llevaba la peor parte era siempre Ariel. Los otros presos se burlaban y lo ridiculizaban ante la menor oportunidad. Con el tiempo, Ariel terminó resignándose a que ese sería su destino en la prisión. No había forma de cambiar la opinión de los otros presos sobre su forma de ser y sus modales femeninos. De todos modos, a Ariel tampoco le preocupaba demasiado. Desde muy pequeño no le había quedado otra opción que aprender a aceptarlo. Desde pequeño empezó a notar que los demás lo veían de forma diferente. Sentía que, de algún modo, él no era como los otros niños. Era el único que quería vestirse como niña, jugar a las muñecas o cocinar. No podía comprender por qué a ninguno de los otros chicos les gustaban esos juegos. *"¿Por qué todos los niños deben jugar con autos, muñecos y cosas así? ¿Qué hay de malo con que jueguen con muñecas?"*, pensaba Ariel. Ningún adulto tenía respuestas para estas y otras preguntas que rondaban en su cabeza durante su infancia.

No sabía exactamente cómo, pero varios de los reclusos se habían enterado de que Ariel era travesti (al menos, de que había sido travesti antes de haber sido detenido y encarcelado). De ahí en más todo fue mucho peor. Las burlas de los demás presos se hicieron cada vez más agresivas, hasta llegar al punto de lo insoportable. Las bromas tenían lugar en todas partes: en las duchas, en el comedor y hasta en los pasillos de las celdas. Los presos le ponían apodos y sobrenombres de todo tipo. Algunos imitaban su voz, exagerando el tono femenino y acompañándolo con gestos y modales de mujer. De una u otra forma, casi todos los reclusos se burlaban de Ariel. El nivel de compostura y auto-control que necesitaba Ariel en esas ocasiones era sobrehumano. Muchas veces se sorprendía de sí mismo y de su capacidad para soportar todas las burlas y chistes que iban dirigidos hacia su persona. La experiencia, de alguna forma, le sirvió para aprender a convivir con eso. No era para nada fácil, y de ninguna manera era algo agradable. Pero, con el paso del tiempo, cada vez lo llevaba mejor.

Los gays de la cárcel también debían soportar el desprecio y las burlas de los guardiacárceles. Esto ocurría a todo momento, desde la mañana temprano hasta la última hora de la noche. Algunos -como Dante- estaban realmente ensañados con los homosexuales. Él era uno de los guardiacárceles que estaba dispuesto a humillar a los gays hasta puntos inimaginables. Era de los guardias más crueles que se podían encontrar en toda la prisión. Como no podía ser de otra manera, Ariel era el blanco preferido de Dante. En más de una oportunidad le había quitado a Ariel peines o cosméticos que Guillermo le había regalado para algún cumpleaños o para otra ocasión especial.

Cuando recibió la peluca de cabello natural de manos de Guillermo, Ariel casi se muere de la alegría. *Es el regalo más especial que alguien me ha hecho en toda mi vida*, le dijo a Guillermo, emocionado como nunca. La peluca era de un cabello castaño oscuro y especialmente lacio. Cuando Guillermo le contó que él mismo la había fabricado a partir del cabello que cortaba, se emocionó aún más. Probablemente era una de las mejores pelucas que había tenido en su vida. Lamentablemente, la alegría no le duró demasiado. Conocía muy bien a Dante y al resto de los guardiacárceles. Ya imaginaba que no podría conservar su peluca por demasiado tiempo. Si Dante la llegaba a encontrar se la quitaría de inmediato. A él sí que no le importaría si eso había sido un regalo de Guillermo o si se la había ganado en una rifa, o lo que fuera. Por eso, en el momento en que Guillermo se la dio la escondió debajo del colchón de su celda. Durante casi una semana aprovechó los pocos minutos que tenía antes y después de que pasara la guardia diaria por cada una de las celdas para colocársela y mirarse en el espejo. Eran unos pocos minutos que valían oro. Le recordaba las épocas en las que podía vestirse como quería y podía maquillarse libremente. En que podía salir a la calle y sentirse orgulloso de mostrarse como una mujer. Ni siquiera pensaba en lo lejos que eso había quedado. En todo lo que faltaba para quedar en libertad (si no moría en la cárcel antes de llegar a cumplir su condena, lo que sucedía bastante a menudo).

Finalmente llegó el día tan temido. Fue una mañana, al regresar a su celda después de haber tomado el desayuno. Sabía que esto podía ocurrir cualquier día y a cualquier hora, pero jamás hubiera imaginado que sería de esta manera. Al volver a su celda encontró su peluca convertida en hilachas: estaba totalmente destrozada. Alguien había cortado el cabello de la peluca, de forma tal que había quedado totalmente inutilizable. Ariel no pudo contener las lágrimas, aunque sabía que eso no le devolvería la peluca. Unos minutos más tarde, en la segunda recorrida de la mañana, Dante le dijo: *"Linda cabellera, Ariel. Qué pena que no podrás volver a usarla. No sé para qué aceptas esos regalos. Sabes perfectamente que esta es una cárcel de hombres. Aquí no hay lugar para travestis. Más te vale que te vayas olvidando de eso de andar vistiéndote como una mujer. Ya va siendo hora de que aprendas a comportarte como un hombre, ¿no te parece?".*

Capítulo 4

Ariel estaba totalmente desconsolado. No había nada en el mundo que pudiera devolverle las ganas de vivir. Se sentía tan mal que hasta llegó a contemplar el suicidio. Si no podía ponerse una peluca y verse como mujer por al menos un día en la prisión, la vida ya no tenía el más mínimo sentido. Podía aceptar estar en la cárcel por muchos años, era algo a lo que ya se había acostumbrado. Pero, resignar su deseo de vestirse y de mostrarse como una mujer, eso le estaba costando demasiado. No era solamente por la peluca. Esto era *"la gota que rebalsó el vaso"*. Había tomado la determinación: no estaba dispuesto a seguir soportando más desprecios, maltratos y humillaciones por parte de los otros presos o de los guardiacárceles. No tenía idea de cómo haría para hacerlo, pero sabía que esto era un antes y un después.

Al día siguiente, a la hora del almuerzo, Ariel se veía más deprimido que nunca. Tenía la mirada perdida y los hombros bajos. Cualquiera que lo mirara no podía más que sentirse triste. Guillermo le preguntó:

-*¿Qué pasó? ¿Por qué tenés esa cara?*

-*Me quitó la cabellera postiza que me habías regalado. Dante me la quitó.*

-*¿Qué querés decir? ¿Dante? ¿Te quitó la peluca?*

-*Sí, eso fue lo que dije. Esta mañana. Cuando regresé a mi celda estaba hecha pedazos.*

-*¿Y cómo sabés que fue él?* -le preguntó Guillermo ansioso, subiendo el tono de voz.

-*No, importa. Lo sé.*

-*Dejame hablar con él. Dejame a mí que yo me encargo* -le dijo Guillermo, levantándose de la mesa furioso.

-*No, no. Quedate acá. Sentate. Por favor* -le pidió Ariel-. *Sentate. No tiene sentido que le digas nada. Ya está destrozada. Ya está. Dejalo así.*

-*Pero... no tiene derecho. No tiene derecho a hacer eso. ¿Por qué? ¿Por qué lo hizo?*

-*No lo sé... no le caigo bien. No importa el motivo. Lo que sé es que no tiene sentido que intentes hablar con él. Solo empeoraría las cosas.*

Guillermo sentía una mezcla de enojo, rabia y frustración. Era algo muy desagradable. Siempre que alguien mencionaba a Dante -el guardiacárcel- sentía cómo volvían esas sensaciones desagradables a su cuerpo. Y lo que le daba más rabia era que no podía hacer nada frente a eso. Se sentía infinitamente impotente. Si esto mismo hubiera ocurrido fuera de la cárcel podría haberlo resuelto en el mismo día. Hubiera ido a buscar a Dante a su casa y lo hubiera golpeado hasta dejarlo desmayado. Hubiera hecho lo que ya había hecho decenas de veces en el pasado. Tomar venganza por lo que le habían hecho a él o a una de las personas que él quería. Pero en la cárcel esto era impensable. Si llegaba a hacer algo en contra de Dante o de alguno de los otros guardiacárceles las consecuencias podían ser terribles. Lo sabía por la experiencia de otros presos. Ya le habían contado al menos 10 anécdotas al respecto, y ninguna de ellas terminaba bien. No valía la pena arriesgarse a ser la excepción. Pero eso tampoco significaba que debía quedarse sin hacer nada, con los brazos cruzados.

-*Estuve pensando... que no sé si quiero seguir viviendo así. La única pequeña satisfacción que podía tener acá era la de vestirme con libertad, como cuando estábamos afuera. Pero no puedo aspirar ni a eso. Creo que vivir así no tiene sentido para mí. Ya me cansé.*

-*No seas exagerado, Ariel. ¿De verdad pensás eso?* -le preguntó Guillermo, algo sorprendido.

-*Sí. Y no exagero para nada. Estoy considerando seriamente tomarme unas cuantas pastillas de algo para no volver a despertarme. Quiero quedar anestesiado y no volver jamás.*

-*¿De qué hablás? ¿Querés decir que estás pensando en suicidarte?*

-*Sí. ¿Qué otra opción tengo?*

-*Escapémonos* -le dijo Guillermo, en voz muy baja.

-*Estás loco. Esta es una prisión de máxima seguridad. Sabés muy bien que no tenemos chance de salir con vida.*

-Podemos intentarlo. Si no lo intentamos nunca vamos a saber si es o no es posible.

Ariel pasó toda la noche pensando en la idea de fugarse con Guillermo. Desde que habían sido encarcelados era la primera vez que hablaban de escapar. No fue que ninguno de los dos no lo hubiera pensado antes, tal vez era que hasta entonces no habían tenido motivos suficientes para hacerlo. Pero ahora Guillermo no podía soportar ver a Ariel de esa manera. Fugarse de la cárcel era realmente la única forma de ayudarlo a recuperar las ganas de vivir. Si esperaba un poco más de tiempo era posible que Ariel cometiera una locura. Y, sin Ariel, Guillermo tampoco tendría demasiadas razones para seguir soportando la durísima vida en prisión. Estaba claro que debían planear algo, y debían empezar a hacerlo lo antes posible.

La llegada de Emilio hizo todo más fácil. Emilio hacía varios años que estaba en prisión por distintas estafas. Y, desde siempre, había tenido la intención de fugarse. El día que se enteró de que Guillermo estaba organizando una fuga fue directamente a hablar con él.

-Sé que no nos conocemos mucho, pero me gustaría unirme al grupo. No sé aún cuántos seremos en total, pero estoy seguro de que les puedo ayudar a lograrlo -le dijo Emilio.
-Dejame hablarlo con Ariel. Solo somos nosotros dos. Para agregar a alguien tenemos que estar de acuerdo los dos.
-Okay, preguntale a Ariel entonces.
-Si el no está de acuerdo seguiremos buscando, ¿está bien? -le preguntó Guillermo.
-Sí, claro. Ustedes son los primeros. Ustedes son los que ponen las condiciones. Me parece justo.
-Mientras tanto, podrías contarme qué es lo que podrías sumar al grupo.
-Claro, con gusto -dijo Emilio, con una sonrisa.

Capítulo 5

La idea de la fuga realmente era una locura, pero cada vez la veían como una locura más y más probable. Tal vez Emilio tenía razón. Tal vez no era tan complicado como creían. Si lo planeaban con tiempo suficiente existía la posibilidad de lograrlo. Definitivamente, valía la pena hacer el intento. Si lo lograban, Ariel podría volver a vivir una vida normal. Tendría la posibilidad de volver a ser como era antes, sin temer que los demás lo juzguen o lo ridiculicen porque sí.

Sin dudas que no sería algo sencillo. Los tres lo sabían, pero estaban dispuestos a arriesgar sus vidas para lograrlo. Cada uno tenía sus razones para hacerlo. Habían llegado a un punto tal en que seguir viviendo en la cárcel se había vuelto más desagradable que la misma muerte. ¿Por qué no arriesgarse, entonces, a volver a estar en libertad? Los tres preferían mil veces probar suerte y morir en el intento, antes que resignarse a seguir viviendo esperando el fin de su condena. Si esperaban ese momento tendrían que tener la paciencia suficiente para seguir allí durante 25 o 30 años más. Y ninguno de los tres la tenía.

Emilio era la persona indicada para sumarse al grupo de la fuga. Según les contó, había logrado escaparse tres veces de distintas instituciones o prisiones. Las primeras dos veces fue cuando era adolescente, y había sido llevado a un reformatorio (o, como él decía, *"la cárcel para adolescentes"*). Después de pasar unos dos o tres meses en cada uno de ellos logró escaparse exitosamente con otros tres compañeros. Tiempo después, al cumplir los 20 años, fue detenido por robo. En esa ocasión también logró escaparse de la cárcel. Y nuevamente lo había hecho con otras tres personas.

-Cuatro es el número ideal -les explicó Emilio en la hora del almuerzo-. *No es ni muy chico ni muy grande. Es lo más recomendable para organizar todo*

desde el principio, y lo que da mayores probabilidades de éxito. Créanme en esto, que tengo experiencia.

-*Por ahora somos tres. ¿Eso significa que debemos sumar a alguien más al grupo?* -preguntó Ariel, con curiosidad.

-*Sí, hay que sumar a alguien. Debemos ser cuatro.*

-*Pero, puede que con tres también funcione, ¿o no?* -intervino Guillermo.

-*Mmm... no. Créanme. No es solo mi experiencia, es la experiencia de muchos que lo lograron. ¿Qué necesidad tenemos de volver a inventar la pólvora?*

-*No entiendo. ¿Qué quieres decir con eso?* -preguntó Ariel, ingenuamente.

-*Es una frase. Quiere decir algo así como, que no hay necesidad de cambiar algo que ya funciona bien, o de intentar inventar algo novedoso. En este caso, los grupos de cuatro personas funcionan bien. Es el número ideal. No caben dudas de eso.*

-*Okay, vamos a pensar en alguien, entonces* -dijo Guillermo, resignado.

Guillermo escuchó todo lo que dijo Emilio con mucha atención, pero con un poco de desconfianza. Había algo en él que no le parecía transparente. Tal vez era el hecho de que estaba preso por estafador. ¿Cómo podía confiar en alguien que era un artista de la estafa y de la mentira? A primera vista, parecía un tanto arriesgado asociarse con una persona así. Pero, por otra parte, era la única persona que conocían que había logrado fugarse de una cárcel con éxito. No podían darse el lujo de rechazarlo en el grupo. Tanto Guillermo como Ariel sabían muy bien que la experiencia que podía aportarles Emilio era invaluable. Quizás era simplemente cuestión de animarse a confiar.

Durante varios días los tres pensaron en candidatos para unirse al grupo de la fuga. Debían elegir de forma muy cuidadosa, ya que de esta elección dependía en gran parte el éxito o el fracaso de la fuga. Una sola persona podía significar la diferencia entre escaparse con éxito o morir en el intento. Emilio les había repetido varias veces que el candidato debía ser una persona confiable, muy inteligente, y con alguna habilidad especial. En la cárcel era difícil darse cuenta de cuán confiable podía ser una persona. Todos los que estaban allí, en mayor o menor medida, eran personas acostumbradas a mentir. De todos modos, Emilio tenía algunos trucos para darse cuenta de esto en muy poco tiempo. Con respecto a la inteligencia y lo de las habilidades era mucho más fácil. Guillermo y Ariel también eran capaces de reconocer estas características en otras personas.

Los candidatos por excelencia eran los vecinos de celda de cada uno de ellos. Evaluaron la posibilidad de sumar al grupo a quienes estaban en las celdas contiguas a las suyas, pero ninguno reunía las tres características necesarias. El que era confiable no era inteligente, y el que era inteligente y tenía alguna habilidad no era confiable. Estaban por darse por vencidos, cuando un golpe de suerte cambió todo de un día para otro. Una mañana, el vecino de celda de Emilio fue trasladado a otro pabellón de la cárcel. En su lugar llegó un nuevo recluso: Manolo. Emilio no tardó demasiado en darse cuenta de que su nuevo vecino de celda tenía mucho potencial como para agregarse al grupo. Luego de unos días decidió hablar con él y contarle del plan de la fuga. De inmediato Manolo se mostró interesado. Pero aún debían conversar con Guillermo y Ariel.

Emilio habló con ellos al día siguiente. Hizo todo lo posible para darles a entender que Manolo no solo era una muy buena incorporación al grupo, sino que era también la única opción posible. *"Si no es Manolo tendrá que ser alguien que esté más lejos. Sería una pena, porque no podríamos comunicarnos por las noches"*, les dijo Emilio, intentando convencerlos. Tanto a Guillermo como a Ariel les pareció un argumento muy sensato. Por otra parte, estaban convencidos de que Manolo -al ser un hombre más grande que ellos- tendría mucha más experiencia para compartir con ellos.

Capítulo 6

La preparación del plan de fuga iba a llevar mucho más tiempo del que creían. Según las estimaciones de Manolo -quien también tenía experiencia en fugas- iba a llevarles un mínimo de 5 meses, en el mejor de los casos. Debían preparar todos los elementos técnicos, estudiar la logística del escape y ver muchas otras cosas más. Por otra parte, en este caso en particular se sumaba el hecho de que se trataba de una prisión de máxima seguridad. Si escapar de una cárcel convencional ya era difícil, fugarse de una prisión de máxima seguridad era muchísimo más complicado. Las medidas de seguridad eran muchísimas más que las que se usaban en cualquier cárcel. El personal de seguridad era más numeroso y estaba mejor entrenado. Había cámaras y circuitos de seguridad ocultos en distintas zonas de la prisión. Y, en los alrededores de la cárcel, además había muchos más elementos de seguridad para disuadir a los presos de intentar fugarse. Todo estaba dispuesto de forma tal para que los presos ni siquiera piensen en la idea de una fuga. El objetivo era atemorizarlos, hacerles creer que cualquiera que intentara fugarse indefectiblemente moriría en el intento.

Cuando Manolo escuchó la estrategia de fuga que habían planeado entre los tres, lo primero que hizo fue reír a carcajadas. No podía creer que el plan fuera vestirse de mujeres y escapar haciéndose pasar por empleadas de la prisión. Era algo que estaba fuera de su imaginación. De ningún modo se imaginaba a sí mismo emprendiendo la fuga de una cárcel de máxima seguridad, vestido de mujer. Era demasiado osado. Incluso para alguien como él, que se jactaba de su creatividad para crear este tipo de planes. Después de que Emilio le contara los detalles de la fuga que estaban planeando, cambió de opinión.

-El plan es vestirnos como empleadas de limpieza -explicó Emilio-. *Tenemos la suerte de que estas empleadas son trabajadoras temporales, no son empleadas permanentes. Eso significa que van rotando, no son siempre las mismas. Un día en la*

semana, un grupo nuevo se une al personal que está comúnmente todos los días para ayudar en tareas específicas. Nosotros nos haremos pasar como empleadas de ese grupo. Es nuestra mejor oportunidad. Y, probablemente, también sea la única que tengamos.

De repente, ya no le parecía una idea tan alocada. De hecho, ahora le parecía algo brillante. *"¿Cómo no se me había ocurrido a mí antes? Eso es lo único que me da rabia"*, se decía Manolo a sí mismo. Compartir un grupo con personas tan creativas e inteligentes, de todos modos, era un gran honor para Manolo.

La primera etapa del plan consistiría en asegurar los elementos para preparar los uniformes y la apariencia femenina que necesitarían para fugarse. Lo otro era el cabello para confeccionar las pelucas de mujer. Desde hacía un buen tiempo Guillermo venía almacenando el cabello que cortaba todos los meses. De hecho, hasta tenía la autorización oficial para hacerlo. En una oportunidad Guillermo había podido hablar con uno de los directores de la prisión. Entonces aprovechó la ocasión para compartir con él la razón por la que juntaba el cabello recién cortado: *"Cuando salga de la cárcel planeo fabricar pelucas de cabello natural. Creo que esa puede ser una buena manera de reinsertarme en la sociedad. No sé cuándo será eso, pero no quiero desperdiciar el tiempo que tengo. Por eso, me gustaría empezar a practicar aquí, si ustedes fueran tan amables de permitírmelo"*. El director se conmovió ante el espíritu de trabajo y auto-superación de Guillermo. No había forma de negarse ante tal pedido. Desde entonces, Guillermo acumula cabello de todos los largos, colores y texturas con el objetivo de usarlo para la confección de pelucas.

Una vez lograran preparar todos los atuendos para la fuga, la siguiente fase del plan sería empezar a cavar túneles en cada una de sus celdas. Para ello necesitarían cucharas, cuchillos y tenedores. No eran las mejores herramientas para hacer un túnel, pero eran las que podían conseguir con más facilidad. Los cuatro estuvieron de acuerdo en que, si bien no era lo más fácil o lo más cómodo, definitivamente era lo más práctico. A decir verdad, también era la única opción imaginable. Iban a necesitar mucha paciencia, precisión y perseverancia. Era un trabajo lento, aburrido y muy pesado que llevaría varios meses. Si mantenían su visión en el objetivo que se habían propuesto sabían que lograrían alcanzarlo.

-Lo que no me queda claro es, por qué sería esta la segunda fase del plan -comentó Manolo-. *¿Por qué debemos esperar a tener la vestimenta y las pelucas, antes de empezar? No le encuentro el sentido… No podemos perder el tiempo con eso. Debemos empezar ahora.*

-Mmm… puede ser. Sí, tienes razón, Manolo -dijo Emilio, el encargado de organizar todo el plan.

-Es importante empezar esto cuanto antes. Si no esto nos llevará el doble de tiempo.

-Entiendo. Bien, pongámonos a trabajar en eso, entonces. Cada uno debe robar un cuchillo y una cuchara, o un tenedor y una cuchara. No lo hagan el

mismo día, para no levantar sospechas de los empleados. Esta semana lo harán Ariel y Guillermo. La próxima, Manolo y yo.

Una vez que cada uno tenía sus elementos, Emilio los volvió a reunir para darles consejos sobre cómo hacer el trabajo: *"Tenemos una hora por día para cavar los túneles: de 9 a 10pm. Ese es el momento del día en que nos permiten tocar instrumentos musicales. El ruido de los instrumentos nos permitirá cavar los túneles sin levantar sospechas de los guardiacárceles. De todos modos, debemos ser muy cuidadosos. Cuando yo esté cavando, Manolo estará atento controlando si hay algún guardiacárcel cerca. Si ve a alguien acercarse me lo hará saber. Lo mismo para ustedes, Guillermo y Ariel. Deben trabajar en equipo: uno cava y otro controla si viene un guardiacárcel. Esto es clave".*

Capítulo 7

Desde que se incorporó al grupo Manolo no dejó de hacer sugerencias y aportes para el plan de la fuga. La mayoría de las ideas que compartía con el grupo eran simplemente geniales (y las que no eran geniales, de todos modos, también eran muy buenas). Como era electricista de profesión, casi todos sus aportes eran más bien técnicos. Gracias a sus conocimientos de electricidad y de plomería, era la persona indicada para crear los planos del escape. Además conocía muy bien la estructura de un edificio del tamaño de una cárcel, por lo que podía hacerse una idea más o menos cercana sobre la ubicación de los distintos túneles y ductos de ventilación. *"Ductos de ventilación"*. Esas eran las palabras claves; lo que les permitiría volver a su vida normal fuera de la cárcel. En el edificio de la cárcel había solo unos pocos ductos de ventilación con el tamaño suficiente para que pase un hombre adulto. La circunferencia de los ductos era la mínima necesaria como para que pase la cintura de un hombre. Por suerte, todos eran bastante delgados. Manolo era el único que tendría que bajar algunos kilos para asegurarse de no quedar atascado en medio de uno de los túneles. Pero tenía varios meses para perder esos kilos de más.

A veces, en momentos de melancolía Manolo recordaba las épocas en que trabajaba como electricista en Valencia, en España. Para él era un trabajo ideal, en el que podía desplegar todas sus habilidades técnicas al servicio de diferentes proyectos. Pero la paga no era buena. Esa era la razón principal por la que había empezado a participar en robos y otro tipo de delitos. El dinero que ganaba como electricista nunca era suficiente. Y lo último que quería era ver a su familia pasar privaciones. Su esposa -Ana María- y sus dos hijas se merecían algo mucho mejor que eso. Ellas realmente merecían vivir con comodidades, sin pasar privaciones materiales, pero lo que Manolo ganaba como electricista apenas alcanzaba para cubrir los gastos mínimos. Por más trabajos que tomara, por más horas extras que hiciera, nunca resultaba suficiente.

Aún recuerda el día en que tomó la decisión de cambiar su vida. Fue el día después de una Navidad, en la que apenas habían tenido para comer medio plato de comida cada uno. Nada de lujos, nada especial. Apenas medio plato de comida, como la de todos los días. Nada de regalos, nada de Papá Noel. Lo mínimo indispensable. Un árbol de Navidad de plástico, que se caía a pedazos. Ese día Manolo se prometió que la próxima Navidad sería distinta. Visualizó la próxima Navidad, y vio que había abundancia de comida, regalos y un hermoso árbol de Navidad. Pensando duramente se dio cuenta de que no había forma de lograr eso con su trabajo como electricista. Fue entonces cuando se acordó de Francisco, uno de sus amigos de la infancia. Sabía que él estaba pasando un muy buen momento económico. También sabía que no tenía un trabajo convencional, no tenía ningún oficio y no iba a ninguna oficina. Al día siguiente buscó su teléfono, pero no logró encontrarlo por ninguna parte. Por suerte, un amigo en común le dio la dirección en que estaba viviendo ahora. Sin muchas esperanzas de que Francisco aún se acuerde de él, decidió ir a verlo. Sentía que tal vez él podía inspirarlo a ganar más dinero, o que podría compartir algún secreto con él.

Francisco vivía en una lujosa casa de tres pisos, en las afueras de Valencia. Era una zona residencial en la que vivían los más ricos de todo Valencia. *"Soy muy afortunado de haber ido a la escuela con alguien así. Gracias a eso tengo la oportunidad de, al menos, volver a hablar con él"*, pensaba Manolo justo antes de tocar el timbre de entrada a la casa. La persona que lo recibió parecía el mayordomo de la mansión. Tenía un traje negro que parecía ridículamente caro para la ocasión. *"Si así se viste el mayordomo, no quiero imaginar la ropa que usará Francisco"*, pensó Manolo al verlo. La casa tenía un estilo simple, minimalista, pero muy elegante. En la entrada había algunas esculturas de mármol, una mesa baja de roble y unas sillas de pana en color negro. Manolo tomó asiento en la silla que se veía más cómoda y esperó a Francisco durante unos 5 minutos. Francisco se veía muy parecido a como lo recordaba en la época en que iban juntos a la escuela. Seguía teniendo el cabello rubio -aunque menos abundante que antes- y tenía la misma contextura de deportista de siempre. En una conversación a solas que duró poco más de 20 minutos le confesó que se dedicaba al robo organizado. Manolo ahora comprendía todo: esa era la razón por la que su amigo de la escuela ahora tenía tanto dinero y abundancia material.

-Me gustaría unirme a tu banda -le dijo Manolo, sin pensarlo dos veces.
-Claro, Manolo, a quién no le gustaría unirse. Pero no es tan fácil. Apenas nos estamos reencontrando. Déjame pensármelo unos días, déjame que lo hable con los demás y luego te llamo.
-Sé que puedo serles de gran ayuda. Tengo mucho para aportar desde el lado técnico -agregó Manolo, intentando persuadir a su amigo.

-Lo sé, lo sé, mi amigo. Y eres muy inteligente. Eso es muy valioso. Pero debo hablar con los demás. Tu me comprendes…

-Sí, claro. Está bien. Puedo esperar -dijo Manolo, con voz calmada.

Una semana más tarde Francisco se comunicó con Manolo para decirle que habían decidido incorporarlo a la banda criminal. Menos de un mes después Manolo tuvo su debut, ayudando en la planificación del robo a un banco en Valencia. Su colaboración en ese robo fue clave. Fue el encargado de desactivar las alarmas de la bóveda del banco y de desactivar todas las cámaras de seguridad. Era un trabajo que solo podía hacer un electricista. Una y otra vez repitieron el mismo procedimiento para robar cuatro, cinco y hasta diez bancos más en ciudades cercanas a Valencia. El robo número once iba a ser el más grande hasta la fecha, y era internacional. El plan era robar la caja de un importante banco en Chile. Sin embargo, esa vez la suerte les jugó una mala pasada. La policía logró capturarlos justo a la salida del banco, cayendo todos detenidos. Ese fue el fin.

Capítulo 8

Desde que se aprobó el matrimonio entre personas del mismo sexo, la sociedad empezó a aceptar nuevas configuraciones de familia: un hombre y una mujer, dos hombres, dos mujeres, o padres solteros. Para muchas parejas, esto significó la posibilidad de pensar en formar una familia. Ese fue el caso de Guillermo y Ariel. Desde el mismo momento en que se pusieron en pareja empezaron a fantasear con la posibilidad de ser padres. La idea era adoptar uno o dos hijos y formar su propia familia, ya sea en Chile o en Argentina.

Cada uno de ellos ya tenía amigos gay que habían formado sus propias familias. No había nada más inspirador que eso, ver a aquellos que ya habían alcanzado esa misma meta. Todos tenían más de 30 años y pasaban por un buen momento económico. Es cierto que para ninguno de ellos había sido fácil, pero con paciencia lo habían logrado. Primero debían adoptar un hijo, lo que usualmente llevaba un tiempo considerable. Y luego estaba el asunto del dinero, tener lo necesario y también un poco más. Ariel le había dicho a Guillermo varias veces: *"Para adoptar un hijo y formar una familia debemos primero ganar lo suficiente. No quiero repetir la historia de mis padres. Ya aprendí de la experiencia, así que ahora debo planear algo distinto para mi propia familia"*. Sabía que para eso necesitaría bastante dinero. Y por eso tuvo las agallas para cometer todos los delitos que cometió. El gran objetivo siempre había sido el mismo: juntar una suma considerable para no tener que robar más y poder vivir con comodidad.

Guillermo también compartía el deseo de Ariel. Se imaginaba viviendo con sus hijos en una gran casa, alejada del ruido y de la ciudad. Había imaginado todos los detalles de la casa: desde el color de las paredes hasta la mesa, la silla y los cuadros con los que decoraría el living. Personalmente, a él no le gustaba demasiado la educación tradicional. Si estaba la posibilidad de hacerlo, preferiría no enviar a sus futuros hijos a una escuela normal. Lo que le resultaba más interesante era el sistema de aprendizaje en casa (o *"homeschooling"*) y los sistemas de pedagogía alternativas (como el Método Montessori). Ariel no tenía una opinión formada sobre las escuelas y la enseñanza, pero tampoco se oponía a las ideas modernas de Guillermo.

Claramente, la única forma que tenían de cumplir este sueño era fugándose de la prisión. Si esperaban a salir en libertad cada uno tendría más de 70 años de edad. Más que los padres de sus hijos hubieran parecido los abuelos. Era evidente que si no lograban escapar de la cárcel, el sueño de ser padres y de formar una familia quedaría hecho trizas. Esa era la razón más importante que los movilizaba para aspirar a la libertad, a una vida fuera de la cárcel. Y si tenían que arriesgar su vida para alcanzar la preciada libertad y la ilusión de formar una familia, lo harían sin dudar una sola vez. Tenían mucho más por ganar de lo que tenían por perder.

ξ ~ ~ ~ ʒ

La vida de Manolo siempre estuvo en España, o -para ser más específicos- en Valencia. Allí tenía a su esposa, a sus hijas y a sus amigos. Amaba Valencia: desde la cultura y la comida, hasta el clima y la forma de ser de la gente de la ciudad. A decir verdad, cuando tomó el avión hacia Chile creyó que estaría de regreso en menos de una semana. Pensaba que sería una cosa rutinaria. Juntarse con las otras personas de la banda que planeaban el robo, concretar el asalto, repartir el botín, y cada uno de regreso a su casa. Sinceramente, Manolo creía que sucedería eso porque ya había tenido esa experiencia. Las pocas veces que había sido encarcelado había logrado fugarse en cuestión de semanas. Pero esta vez había sido distinto.

Hacía ya varios años desde que Manolo había llegado a Chile por primera vez. En todo este tiempo no había tenido noticias de su esposa ni de sus hijas. Se imaginaba que seguían viviendo en España, que seguían en Valencia. Y que estaban bien, que no les faltaba nada, y que eran bastante felices. Por momentos, hasta pensaba que tal vez estaban mejor así sin él. Pero enseguida pensaba en todo lo que se estaría perdiendo por no poder compartir su vida con ellas. Se preguntaba si alguna de las dos ya habría tenido hijos. Una de ellas estaba casada, por lo que era bastante probable que ya sea abuelo. *"Si me quedo aquí nunca voy a tener la posibilidad de conocer a mis nietos. No voy a saber si mis hijas están bien, ni voy a poder ayudarlas si me necesitan"*, se decía a si mismo.

Todo lo que había hecho siempre había sido por ellas. Para que no les faltara nada y para que se sintieran orgullosas de él. Y ahora no tenía ni siquiera la posibilidad de leer una carta escrita por ellas. *"Tal vez han intentado contactarse. Tal vez hicieron todo lo posible para conectarse conmigo, pero no lo lograron"*, pensaba una y otra vez. Pero lo cierto es que ni su esposa ni sus hijas sabían que Manolo aún seguía en Chile. Cuando perdieron contacto con él intentaron volver a reubicarlo a través de amigos y conocidos. Hacer una denuncia a la policía no tenía el menor sentido, ya que Manolo tenía pedido de captura internacional. Hacer una denuncia hubiera sido totalmente inútil, y posiblemente hubiera complicado aún más las cosas para Manolo (si es que aún estaba en libertad).

Manolo era sumamente inteligente. Si conseguía escapar de la cárcel sabía exactamente cuáles eran todos los pasos que debía dar para volver a su pueblo en Valencia. Sabía a qué amigo tenía que pedirle ayuda para un nuevo pasaporte, a quien pedirle el dinero del pasaje de avión y a quienes pedirles alojamiento. Desde que se había incorporado a la primera banda de ladrones, sus redes de contactos se habían multiplicado. Gracias a eso ahora contaba con ayuda en las principales ciudades del mundo. Siempre había alguien que conocía a otro alguien, de forma tal que escaparse de una cárcel y volar a otro país dejaban de verse como verdaderos desafíos.

Capítulo 9

Desde pequeño, a Emilio lo conocen como *"el mentiroso"*. Las mentiras empezaron como un juego, como una forma de entretenimiento. Como a todos los niños, a Emilio le encantaba crear historias de fantasía. Imaginaba personajes y mundos enteros creados a partir de pequeñas cosas. Su imaginación realmente no tenía límites. Todos sus personajes tenían poderes especiales y eran capaces de hazañas inimaginables. En la escuela, sus maestras eran las primeras en elogiar su imaginación a la hora de crear historias. Siempre tenían giros inesperados y caracterizaciones increíblemente detalladas. Emilio parecía estar varios años adelantado al resto de sus compañeros. Esa habilidad para crear historias, sin embargo, no siempre era valorada. Muchas veces Emilio usaba su talento para crear historias para mentir y engañar a sus maestras.

Cuando tenía apenas 7 años creó una historia ficticia que relató a su maestra para lograr que no le diera tareas para el hogar. Con muy poco esfuerzo logró convencerla de que no tenía tiempo suficiente para hacer tareas, ya que todos los días "debía trabajar para ayudar a sus padres a llevar comida a casa". Su maestra nunca logró comunicarse con los padres de Emilio, por lo que jamás se enteró de que todo había sido una gran mentira ideada por su alumno. Para Emilio esa experiencia fue un primer gran éxito. Era todo lo que necesitaba para atreverse a crear mentiras e historias cada vez más arriesgadas. Durante toda su infancia desarrolló esta habilidad mintiéndole a todos los que conocía: a sus padres, a sus maestros, a sus amigos… No había nadie a quien Emilio dijera toda la verdad. Su regla de oro era "solo confía en ti mismo". Desde pequeño se acostumbró a no confiar en nadie y a mentirle a todo el mundo por igual.

En su adolescencia, su habilidad para mentir solo siguió mejorando. Con el tiempo fue refinando y mejorando los trucos que iba descubriendo solo o aprendiendo de sus amigos. Su primera estafa tuvo lugar cuando tenía apenas 14 años. En ese entonces ya tenía varios amigos más grandes que él que se dedicaban al robo o a la estafa. Ellos fueron los que lo guiaron y acompañaron en sus primeros pasos como delincuente. Todas las semanas se reunían y compartían los nuevos trucos que aprendían, y conversaban sobre cómo seguir mejorando. A veces organizaban robos un poco más grandes en grupo. Emilio se incorporó al primero cuando tenía 16 años. En aquella ocasión ni siquiera tenía su propia arma, por lo que uno de los chicos del grupo le tuvo que prestar una de las suyas. Esa vez tuvo tanta mala suerte que fue él fue el único que fue atrapado por la policía. Como aún era menor de edad no podían encarcelarlo, por lo que fue llevado a un reformatorio -una institución para jóvenes delincuentes-. Entre los 16 y los 18 años pasó por dos reformatorios diferentes, y logró escaparse de ambos después de pasar apenas 3 meses en cada uno de ellos.

Lo que siguió durante los años siguientes fueron más y más estafas, cada vez más osadas y arriesgadas. Asociaciones con otros expertos de la estafa, robos de gran escala y engaños de todo tipo. Últimamente, estaba explorando las posibilidades del robo y la estafa a través de Internet. Muchos de sus amigos le habían hablado sobre las ventajas de dedicarse a la estafa online. Emilio, sin embargo, no se llevaba muy bien con la tecnología. Intuía que lo suyo seguiría siendo -al menos por un buen tiempo- la estafa común y corriente, sin computadoras y sin Internet.

Emilio era un experto conocedor de todo tipo de círculos sociales. Eso le permitía moverse con mucha fluidez entre gente que ganaba mucho dinero, sin desentonar en lo más mínimo. Aunque no tenía un armario lleno de ropa costosa, Emilio tenía otro tipo de recursos. Si iba a una fiesta o a una cena de gala, sabía dónde podía alquilar trajes o smokings muy elegantes y a un excelente precio. Los alquilaba por apenas unas horas, lo que casi siempre era mucho más barato que alquilar por un día entero. En otras ocasiones, lograba hacerse amigo de una persona rica en muy poco tiempo. Gracias a eso, a veces conseguía trajes o perfumes sin tener que gastar un centavo. Sus amigos le prestaban o regalaban la ropa que necesitaba para participar en los eventos de la alta sociedad que él quería visitar.

La última estafa en la que había participado antes de ser encarcelado había sido organizada por un grupo de 10 personas. Como siempre, Emilio había sido designado como líder del grupo. La gente que lo acompañaba era muy inteligente, y definitivamente tenía condiciones para la estafa. El plan era lograr que una compañía aseguradora de Chile les transfiriera 1.2 millones de dólares a una cuenta corporativa. Hasta último momento parecía ir todo de maravillas. El grupo estaba a punto de celebrar el gran golpe, cuando la policía cayó en la casa de Emilio. Nadie sabe cómo se enteraron, pero la sospecha es que hubo una persona en el grupo que estaba infiltrada (alguien de la policía). Finalmente, Emilio y seis de los miembros de la banda fueron apresados y juzgados en Santiago de Chile. El resto de los acusados siguen prófugos, aunque están identificados y tienen orden de captura internacional.

Emilio fue el que recibió la pena más dura de todos: 35 años de prisión.

Caer detenido una vez más no afectó a Emilio en lo más mínimo. De hecho, eso solo lo fortalecía. Cada vez que era encarcelado asumía un estado de calma y tranquilidad infinitas. Probablemente, porque sabía que tarde o temprano conseguiría escapar de la prisión. Eso sí, tenía mucho cuidado con sus pensamientos. Si llegaba a pensar -aunque fuera por apenas un segundo- que no iba a poder escapar, sabía que no podría lograrlo. Pero evitaba cuidadosamente esos pensamientos. Por otra parte, tenía el carisma y las habilidades sociales suficientes para conectarse con los presos más inteligentes de cada prisión. Eso le facilitaba mucho integrarse a los grupos que organizaban fugas en las cárceles. Por otra parte, Emilio tenía la fama de ser un excelente planificador y organizador. Eso lo combinaba con una muy buena capacidad para explicar sus planes a los demás de forma interesante y con palabras muy sencillas.

Capítulo 10

El plan de la fuga avanza mejor de lo que habían pensado. Guillermo ya tiene listas dos pelucas de mujer y está a mitad de terminar la tercera. Conseguir maquillaje para cuatro personas, sin embargo, es un poco más difícil. Para eso necesita usar todos los contactos que tiene en la prisión, incluyendo a reclusos, empleados y hasta el director de la cárcel. El desafío más grande, en este caso, es explicarles a los demás para qué necesita tanto maquillaje. Con mucho trabajo -y después de un tiempo considerable- logró convencer a todos de que necesitaba el maquillaje para mejorar sus habilidades personales como maquillador. Pudo demostrarles que, para obtener mejores oportunidades como peluquero y estilista, también necesitaba ser un buen maquillador. Nadie se podía negar a colaborar ante el pedido de un preso que solo intentaba auto-superarse.

La excavación de los túneles en cada celda también iba muy bien. Si bien al principio creían que una sola hora por día era muy poco tiempo para avanzar en ese trabajo, enseguida se dieron cuenta de que una hora era mucho tiempo. Todos los días, entre las 9 y 10pm -cuando los presos que tocaban instrumentos musicales practicaban en sus celdas-, cada uno de los cuatro presos que planeaba fugarse aprovechaba para avanzar en su trabajo individual. La combinación de cuchara y tenedor o cuchara y cuchillo era sumamente efectiva. Para asegurarse de que no los vieran trabajaban en días alternados. Guillermo y Ariel -que estaban en celdas contiguas- se turnaban para cavar y vigilar que no viniera ningún guardiacárcel. Lo mismo hacían Emilio y Manolo, quienes también estaban en celdas contiguas (aunque en otro sector de la cárcel). Al final de cada sesión de trabajo colocaban una placa de cartón pintado, para que los guardiacárceles no se dieran cuenta de que estaban excavando en los ductos de ventilación de las celdas.

Manolo, por su parte, seguía trabajando individualmente en la parte que le correspondía del plan. Él era el encargado de preparar el plan de escape una vez estuvieran fuera de los ductos de ventilación. Aunque tenía un buen conocimiento de la estructura del edificio y podía imaginar caminos de escape posibles, le faltaba bastante información. Lo único que necesitaba era tener acceso a otras partes del edificio de la cárcel, algo que logró con un poco de suerte. Como tenía muy buena conducta obtuvo el privilegio de trabajar como electricista en la prisión. Eran tareas sencillas que no requerían demasiada experiencia o conocimientos, por lo que Manolo tenía preparación de sobra para llevarlas a cabo. Varias de estas tareas consistían en chequear, verificar o arreglar conexiones eléctricas dentro y fuera de las celdas. Los días en que le tocaba trabajar fuera de las celdas aprovechaba para tomar "fotografías mentales" de todo lo que veía. Por suerte, Manolo tenía una memoria de elefante. Era una de esas personas que se acuerdan con mucha facilidad todo lo que tiene que ver con elementos visuales y orientación espacial.

Uno de los puntos que aún no estaban tan claros era el de la salida de la cárcel. No estaban seguros de cuál sería la mejor opción: escaparse sin que nadie los viera o pasar por la puerta de entrada como si fueran empleadas. La primera opción era un poco más arriesgada, pero si salía bien tendrían la victoria asegurada. Aunque, si no iba bien, podían llegar a terminar muertos. La segunda opción -salir de la cárcel por la puerta principal como si fueran empleadas- era la que, por ahora, preferían todos. Ninguno de los cuatro estaba dispuesto a escapar cruzando algún paredón o usando una salida alternativa. Por ello, la única opción era pasar por la puerta principal como empleadas. Lo primero era averiguar cuáles eran los horarios en que había un cambio de turno. Si tenían algo de suerte es posible que nadie les pidiera identificaciones o credenciales.

-Sois muy optimistas. Esto es una prisión de máxima seguridad. ¿Sabéis acaso qué significa eso, "máxima seguridad"? No seáis optimistas. Ya sabéis qué es lo que les sucede a los que son optimistas en exceso. Y, si no lo sabéis, ya lo averiguaréis.

-¿Por qué dices eso, Manolo? -le preguntó Emilio, un poco preocupado.

-Pues, porque es la verdad. Está muy claro que nos pedirán identificaciones. Y, en este momento, no podemos darnos el lujo de arriesgarnos de ese modo.

-¿Qué es lo peor que puede suceder? ¿Qué no podamos escapar y que nos manden nuevamente a nuestras celdas? -volvió a preguntar Emilio.

-Eso no sería un gran problema. Pero puede haber más que eso. Vosotros no conocéis a los guardias que tenemos aquí. Tíos más crueles que estos no he visto nunca en mi vida.

A Emilio eso no le preocupaba demasiado. Si llegaba a ser capturado al intentar fugarse nadie lo castigaría, nadie lo golpearía. Pero ese no era el caso con Ariel y Guillermo. Ellos no podrían decir lo mismo. Todos sabían que los presos gays que intentaban escapar de la cárcel eran los que peor la pasaban a su regreso. El verdadero truco era lograr escapar para no regresar nunca más en sus vidas. Sería el último escape. Los cuatro se habían prometido que si lograban escapar de esta cárcel no volverían a cometer delitos.

Cada uno tenía planes muy diferentes para su regreso al mundo fuera de la cárcel. Emilio planeaba volver a empezar con dinero prestado, invertirlo a muy corto plazo e intentar reconstruir un camino personal a partir de ello. Ariel y Guillermo, en cambio, estaban dispuestos a tomar cualquier trabajo que les diera lo suficiente para comer y para un alojamiento sencillo. Manolo se había prometido volver a trabajar como electricista, pero esta vez haría trabajos más importantes. Durante su estadía en la cárcel había leído en la biblia sobre la importancia de no robar. Todas las noches rezaba y le pedía a Dios que le de una segunda oportunidad. Una nueva oportunidad para reconstruir su vida cerca de las personas que más amaba en el mundo.

Capítulo 11

Emilio - Miércoles, 8.32am

No me lo explico. No puedo entender por qué no hay un pabellón especial para homosexuales. ¿Por qué tienen que estar mezclados acá con todos nosotros? Es muy desagradable. Ya es bastante tener que compartir las duchas con ellos, tener que compartir las mesas cuando comemos. Si estuvieran en una parte distinta no tendría que cruzarme con ellos y sus modales de mujer. Creo que eso es lo que más me molesta. Lo que me genera rechazo es ver a un hombre femenino. Como decía mi padre: *"Un hombre siempre debe ser masculino"*. Es que es así. ¿Cómo podría ser de otra manera? Por algo Dios hizo al hombre y a la mujer. El hombre debe ser hombre y la mujer, mujer. ¿O no? Sí, claro que debe ser así. Todos los hombres somos masculinos, aunque algunos más que otros. Está bien, puedo entender que todos tengamos una pequeña parte femenina. Pero no hay necesidad de andar mostrando esa parte femenina por ahí. ¿Por qué ese empeño de algunos gays en mostrarse femeninos? No es algo de todos los gays, lo sé. Pero aquí en la cárcel hay muchos así. Ariel es uno de ellos. Si no fuera porque tenemos un plan en común estoy seguro de que no podría tratar con él. Me llama la atención y me sorprende de mí mismo que haya podido tratar con él todo este tiempo. Es increíble, pero cuando aparecen circunstancias extraordinarias, uno también descubre cosas extraordinarias en uno mismo.

Este Ariel… no puedo comprenderlo. Él se la pasa diciendo que es "una mujer en el cuerpo de un hombre", y por eso actúa como si fuera una mujer. ¡Pero su cuerpo sigue siendo el de un hombre! Por más que actúe como mujer eso no cambiará su cuerpo. Para eso necesita vestirse, maquillarse y cambiar su físico. Así sí lograría verse realmente como una mujer. Pero mientras tenga la apariencia de un hombre, no hace más que generar rechazo en los demás. Porque de eso estoy seguro: haciendo lo que hace no puede ser atractivo para nadie (exceptuando a Guillermo, claro). Otra cosa muy distinta sería si se viera como una mujer. Como una mujer de verdad. Me pregunto cómo se verá Ariel vestido de mujer. No es que me resulte atractivo (nunca me sentiría atraído por un hombre), pero me pregunto cómo se vería. Creo que es simple curiosidad. Sí, no es más que eso. A pesar de ser un hombre, tiene rasgos bastante femeninos. Como es lampiño no tiene ni barba, ni ningún vello en los brazos o en las piernas. O, al menos, esa fue la impresión que me dio al verlo en la ducha. De eso no hay dudas. Es un candidato ideal para vestirse como mujer. La mayoría de los travestis deben afeitarse o depilarse, pero Ariel no debe hacer nada de eso. Es una suerte para él.

Guillermo es un caso diferente. Él también es gay, pero no es femenino como Ariel. Todo lo contrario. Cualquiera que lo viera diría que es un hombre bien masculino. Es algo realmente notable que mantenga esa característica. Especialmente, considerando que es peluquero. El peluquero gay y afeminado es un estereotipo que, en el caso de Guillermo, no aplica en lo más mínimo. Por cómo se comporta aquí en la cárcel y por su trato con la gente puedo imaginarme que le iría muy bien con sus peluquerías. Hay muchísimas cosas de Guillermo que no me gustan y, en muchos aspectos, hasta me parece insoportable. Pero así y todo hay algo que no se puede negar: su voluntad de trabajo. Tiene muy claro qué es lo que quiere hacer en su vida, y trabaja duro para lograrlo. Incluso estando en la cárcel. Con el trabajo que está haciendo con las pelucas eso queda más que claro. Siempre con la mirada hacia adelante. Es algo que me parece admirable en Guillermo, su capacidad para planear su vida y su futuro, incluso cumpliendo una condena interminable en una prisión de máxima seguridad. Es increíble que mantenga el espíritu optimista y que no pierda de vista lo que más le importa en su vida. Aun en las peores circunstancias no pierde de vista su plan principal: formar una familia, vivir en libertad y dejar atrás su pasado como delincuente. Olvidarse de su vida como criminal y convertirse en una persona de bien.

A mi también me gustaría tener un proyecto así de grande. Me encantaría formar una familia y vivir una vida normal, aunque también sé que eso no es para mí. Yo estoy resignado a vivir sin familia. Y claro que también me encantaría tener a alguien importante en mi vida. Para Guillermo, esa persona es Ariel. Sé muy bien que hay algo entre los dos. Es demasiado obvio como para no darse cuenta. Por un montón de cosas: por la mirada, por los gestos, por los regalos a escondidas. De hecho, no me llamaría mucho la atención que el plan de la fuga haya surgido solo para complacer a Ariel. Todos esos gestos son muy lindos, muy amorosos. Pero, así y todo, no logro entenderlo. ¿Cómo es posible que un hombre se sienta atraído por otro hombre? No me lo explico. Y, sin embargo, sucede. Aquí en la cárcel es mucho más común de lo que me gustaría.

A veces me da la impresión de que aquí hay más gays que heterosexuales. Una cosa es un hombre que se siente atraído por un hombre, y otra muy distinta un hombre que se siente atraído por una mujer. Incluso, si es un hombre vestido de mujer, maquillado como mujer y que aparenta ser mujer. Eso es algo distinto. Es muy distinto. No veo nada de malo en que un hombre se travista, se vista como mujer. De hecho, hay travestis muy hermosos. Ya sé que son hombres, pero parecen mujeres. Muchos los podrían confundir. Hasta yo me he confundido varias veces. De todos modos, no tengo problema en decirlo. Me gustan los travestis. Me resultan atractivos. No veo diferencia entre un travesti y una mujer. Obviamente que hay una diferencia, pero hasta que no se quitan la ropa no se la puede ver. De todos modos no me gusta cualquier travesti. Debe ser un travesti atractivo. Pero bueno, a decir verdad, tampoco me gusta cualquier mujer (solo me gustan las mujeres atractivas). En fin, creo que cuando esté en libertad podría proyectar tener algo con una mujer. Al menos así tendría alguien con quien compartir mi vida.

Capítulo 12

La dinámica del grupo era bastante buena. Todos se comunicaban con fluidez y no tenían ningún tipo de problemas en respetar las indicaciones de Emilio, quien era la persona que dirigía todo el plan. Fuera de eso había algunas pocas fricciones. Eso se notaba especialmente entre Guillermo y Emilio. Emilio cada vez toleraba menos a Guillermo. Cualquiera que los viera de afuera podía darse cuenta de eso. Incluso cuando no decía una sola palabra, se notaba por lejos que no le caía para nada bien. Se veía en su mirada, en su actitud, y en cada una de las más pequeñas acciones. Guillermo, por su parte, no tenía mayores inconvenientes con Emilio. Sabía que por alguna razón Emilio se mantenía alejado de él, pero él no tenía ninguna emoción negativa o rechazo hacia su compañero de fuga. Todo marchaba perfectamente hasta que llegó el día de la pelea en el baño de la cárcel.

Nadie sabía bien quién de los dos había empezado la discusión, aunque no había dudas de que no podía haber sido otro que Emilio. Era difícil imaginar a Guillermo provocar a otra persona e iniciar una pelea en la cárcel. Los que estaban presentes en ese momento se acuerdan muy bien del momento en que Emilio le gritó a Guillermo:

-¡Olvídate! Esta es la última vez que haces eso.
-¿Qué cosa? ¿Es la última vez que hago qué? -le preguntó Guillermo, intentando comprender.
-Sabes muy bien de qué te hablo. No te hagas el imbécil. Vamos, no necesitas fingir. Vamos...
-No entiendo de qué hablás. ¿Por qué no me decís cuál es tu problema?
-No hace falta que te diga nada. Sabes muy bien de qué se trata -le dijo Emilio, elevando aún más el tono de voz.

Emilio dio dos pasos gigantes y de repente estaba frente a Guillermo. En menos de un segundo alzó sus manos hacia su cuello y empezó a apretarlo con fuerza bruta. Era como si estuviera exprimiendo las últimas gotas de un trapo mojado. Guillermo hacía fuerza para quitarse los brazos de encima y volver a respirar, pero no lograba liberarse. Emilio seguía sujetándolo del cuello, estrangulándolo. Manolo intervino enseguida para detenerlo, pero no tenía ni la fuerza ni el tamaño físico para hacerlo. Al ver que todos los demás miraban y ninguno intentaba separarlos salió para pedir ayuda a los guardiacárceles. Enseguida se acercó Dante acompañado por otros dos guardias. Después de separar a Guillermo y a Emilio, llevaron a este último afuera del baño a fuerza de golpes y garrotazos.

Guillermo tardó algunos minutos en recuperarse por completo. Uno de los guardiacárceles lo ayudó a incorporarse para que volviera a respirar con normalidad. Estaba agitado y sorprendido al mismo tiempo. Daba la impresión de que aún no comprendía qué era lo que acababa de suceder. No se podía explicar por qué Emilio lo había atacado de esa manera. Manolo intentó tranquilizarlo: *"Debe haber sido un malentendido. O tal vez estaba en uno de esos días en que no puede hablar con nadie. ¿A quién no le ha pasado? A todos nos pasa, alguna vez".* El mayor temor de Manolo era que esto pudiera malograr el plan de escape de la cárcel. Sabía que si aparecía algún tipo de aspereza, un roce o algún conflicto, todo iba a ser mucho más difícil. Y estaba la posibilidad de que se terminara disolviendo el equipo. Eso sería una verdadera catástrofe para los cuatro.

Después de recuperar el aliento, Guillermo salió del baño acompañado por Manolo y por uno de los guardiacárceles. El shock había sido tan grande que seguía sin decir una sola palabra. Para los que estaban con él era difícil saber qué es lo que estaría pensando. Su rostro seguía tan serio como siempre, o un poco más aún. Lo mejor era no hacerle ninguna pregunta. Tal vez más tarde tendrían oportunidad de volver a hablar sobre el tema. Por ahora, con acompañarlo y asegurarse de que estuviera bien era más que suficiente.

-Antes de regresar a tu celda tienes que pasar por la
enfermería –le explicó el guardiacárcel.
-No es necesario –dijo Guillermo.
-Sí, es necesario. En estos casos hay que ir a
enfermería. La enfermera va a chequear si necesitas
algo más para recuperarte o si estás bien así.
-Okay, como usted diga –respondió Guillermo.

La enfermera lo examinó brevemente, preguntándole
lo mínimo indispensable sobre el incidente ocurrido
en el baño. Guillermo respondió a todas las
preguntas con una objetividad asombrosa, como si lo
hubiera visto desde afuera. Le contó con detalles
cómo Emilio se había acercado y lo había sujetado
por el cuello. También le dijo cuánto tiempo lo había
estrangulado y con qué intensidad.

-Tuviste mucha suerte. Otras personas no resisten
eso durante tanto tiempo –le dijo la enfermera.
-No es la primera vez que alguien intenta
estrangularme. Supongo que ya tengo algo de
práctica –bromeó Guillermo.

Entre tanto, después de la pelea en el baño Emilio fue llevado a una celda especial. Era el "calabozo", la celda de castigo. En este caso era obvio quién era la persona que había iniciado el conflicto. Por otra parte, había varios testigos que podían dar fe de que Emilio había sido quien empezó la pelea. Emilio tenía tan pocos amigos en la cárcel que nadie estaba dispuesto a defenderlo o a hablar a su favor. Pero eso a él no le importaba en lo más mínimo. Estaba acostumbrado a arreglárselas por su cuenta. A equivocarse, cometer errores y pagar las consecuencias sin quejarse con nadie. Ninguno de los cuatro en el grupo sabía cómo continuaría esto. No era algo pequeño, como para olvidar después de uno o dos días. Aunque no tenían certezas sobre lo que sucedería, en el fondo, cada uno deseaba exactamente lo mismo: volver a unirse para seguir planificando la fuga.

Capítulo 13

Pasó casi una semana completa hasta que los cuatro volvieron a reunirse. Emilio estuvo encerrado en el "calabozo" durante dos días enteros. Cuando salió de la celda de castigo, lo último que quería en el mundo era ver el rostro de Guillermo. Con el pasar de los días los ánimos de todos se fueron calmando, y entraron en razón. Si no recomponían el grupo iban a tener que olvidarse de la idea de volver a estar en libertad. Emilio había sido el creador del plan, pero no podía llevarlo a cabo solo. Necesitaba de un grupo. Y el grupo también necesitaba a Emilio.

Manolo fue el encargado de volver a aceitar la comunicación entre Guillermo y Emilio:

> -Tenéis que pedirle perdón -le dijo a Emilio-. *Si no le pedís perdón se va a ir todo al demonio. Vamos a tener que olvidarnos del plan, los cuatro. Todos perdemos.*

-¿Y por qué yo? ¿Por qué yo soy el que tiene que pedirle perdón? -preguntó Emilio, con rostro sorprendido.

-Pues, porque tú lo has atacado. De la nada y sin justificación. Vamos, ahora lo único que falta es que te hagáis el ofendido. Vamos... -le dijo Manolo.

Enseguida Emilio comprendió que lo que le decía su compañero era muy razonable. Él había sido quien había provocado a Guillermo aquel día en las duchas de la cárcel. Y fue quien apretó su cuello durante casi un minuto, prácticamente hasta dejarlo sin aire. Emilio no estaba acostumbrado a disculparse. Simplemente, no era algo que tuviera que ver con su forma de ser. Como siempre hacía lo que se le daba la gana, sin pedir permiso y sin dar explicaciones, nunca tenía la necesidad de pasar por este tipo de situaciones. Pero, en este caso, claramente iba a tener que hacer una excepción.

Después del almuerzo de ese día, Emilio juntó coraje y se acercó a Guillermo. Lo primero que le dijo fue:

-¿*Podemos hablar un momento?*

-*Sí, claro* –respondió Guillermo secamente, después de un breve silencio.

-*Es por lo que sucedió hace una semana. Lo de las duchas...*

-*Dime.*

-*Bueno... este... quería decirte que me porté como un imbécil.*

-*Okay. Estoy de acuerdo* -dijo Guillermo.

-*No sé por qué actué de esa manera. De veras...*

-*Yo tampoco aún lo entiendo, a decir verdad.*

-*Sea como sea* –siguió Emilio-, *no quiero que esto perjudique lo que venimos haciendo. No quiero que se disuelva el grupo por esto.*

-*Ahá...*

-*Bueno... y, por eso, te pido disculpas.*

-*Okay. Bien. Mira, Emilio* –continuó Guillermo-, *es cierto que te portaste como un verdadero imbécil. Pero también es cierto que tenemos un objetivo en común, y venimos trabajando para lograrlo. Así que, yo tampoco dejaré que todo eso se "eche a perder".*

Eso sí: recuerda que no será lo mismo que antes. De ningún modo que volverá a ser lo mismo. Pero seguiremos trabajando juntos.

ᘎ ~ ~ ~ ᘏ

En la cárcel hay códigos. Todos los presos comparten una serie de reglas que no están escritas en ningún lado, que nadie les enseñó. Es algo que tienen en común desde el momento en que pisan una cárcel por primera vez en sus vidas. Es un código de honor que está en el aire, en la atmósfera de la prisión. Este código es el que los lleva a colaborar hacia un objetivo en común. Todos quieren salir de la cárcel cuanto antes, pero no todos pueden hacerlo. Algunos tienen que cumplir penas de más de 30 años, por lo que probablemente morirán en la cárcel. Otros saldrán en libertad en la vejez, después de los 65 o 70 años de edad. Y solo unos pocos aspiran a escapar de la cárcel y rearmar sus vidas. Todos los presos comprenden esto a la perfección, y están dispuestos a ayudar a escapar a los pocos que quieren fugarse.

Desde el momento en que idearon el plan, los cuatro sabían perfectamente que no iban a poder lograrlo ellos solos. Iban a necesitar de la ayuda y de la complicidad de muchos de los reclusos. Tanto para conseguir información, como para obtener distintos elementos, o simplemente para evitar que los descubran mientras preparaban la fuga. En estos casos, los presos sienten un orgullo indescriptible al estar colaborando en el escape de sus compañeros. Es como si, de alguna forma, ellos también fueran protagonistas de la fuga. Como si parte de ellos también lograra escapar de la prisión. Era una forma de compartir el escape y de celebrar una pequeña victoria. Algo tan simple como conseguir un tenedor o un cuchillo que uno de sus compañeros usaría para cavar un túnel. O distraer a un guardiacárcel cuando se estuviera acercando peligrosamente a una celda sospechosa, en la que se escuchaban ruidos inusuales.

En las últimas semanas hay varios reclusos que saben de la fuga, pero por nada del mundo se lo dirían a los guardiacárceles. Es una gran colaboración de muchos para que solo unos pocos puedan escapar. Los presos más antiguos de la cárcel ya habían colaborado con varios intentos de fugas. A algunos de ellos hasta los habían invitado a formar parte de un grupo para escaparse. Y la mayoría rechazaba la oferta. Había varios presos que ya habían pasado tantos años encarcelados que pensaban que les sería imposible volver a vivir en libertad. Muchos de ellos se sentían tan cómodos y seguros en prisión que preferían quedarse allí el mayor tiempo posible. El pensamiento común era: *"Si salimos de la cárcel vamos a tener que volver a robar o –peor aún– conseguir un empleo. Aquí al menos tenemos un lugar para dormir y comida dos veces al día"*. Solo los que tenían esposas o hijos afuera soñaban con la idea de volver a vivir en libertad. El resto de los presos se conformaba con seguir viviendo allí, encerrados, con tiempo de sobra y nada interesante para hacer. Con la seguridad de un techo sobre sus cabezas y un plato de comida en su mesa.

Capítulo 14

Faltan apenas dos días para la fuga. Los túneles ya están listos; la ropa, las pelucas y el maquillaje también. Cada uno conoce el plan de memoria, hasta el último detalle. Emilio les dijo que lo mejor que podían hacer estos últimos días era relajarse, visualizar el plan mentalmente y confiar en los demás. Lo que no habían podido hacer hasta ahora debían dejarlo fuera del plan. No tenía sentido agregar aún más presión, intentando hacer algo en muy poco tiempo que podía llegar a salir mal por el apuro.

Un día antes del día programado para fugarse, Manolo se cuestionó seriamente su participación. De un día para otro apareció todo el miedo y las dudas acumuladas que no se habían presentado nunca en su vida. Sabía que eso no tenía la menor lógica, pero de todos modos le afectaba. El pensamiento que le venía a la cabeza una y otra vez era: "*Si me atrapan me darán prisión perpetua. Nunca más volveré a ver a mi esposa ni a mis hijas. Nunca podré conocer a mis nietos. Si algo sale mal moriré en esta misma celda".* Las dudas y el miedo lo llevaron a hablar con Emilio la noche anterior a la fuga:

-Emilio, no puedo acompañarlos.
-¿Qué dices? ¿Que no puedes acompañarnos a dónde?
-No me voy. Me quedo aquí -le dijo Manolo en voz muy baja, lentamente.
-¿Cómo que te quedas? No, no te puedes quedar Manolo. Hicimos un pacto, ¿no te acuerdas? Nos vamos todos o no se va ninguno.
-Ya lo sé... sé que hicimos el pacto. Pero no me puedo ir.
-¿Por qué no? ¿Qué te lo impide? ¿Tienes miedo?
-Sí -respondió Manolo con un hilo de voz-.
Tengo miedo de no volver a ver a mi esposa y a mis hijas. Tengo miedo de morir aquí.
-Vamos... no me lo creo. ¿Tú tienes miedo? No me lo creo. Imposible. Eres de los más duros aquí en la prisión.

-Pero tengo miedo, de todas formas.

-Manolo, sabes que sin ti no lo podemos hacer. ¿No piensas en nosotros? -le preguntó Emilio, intentando convencerlo-. *Nos vas a perjudicar. Eso por no mencionar a tu familia. Si no aprovechas esta oportunidad no sabes si podrás volver a ver a tu familia. Podrías morir cualquier día aquí en la cárcel. ¿Preferirías eso?*

-No, de ninguna manera. Claro que no.

-¿Entonces? Si no quieres eso tienes que aprovechar esta oportunidad.

Manolo no dijo nada más. No fue necesario. Con su silencio le dio a entender a Emilio que no iba a desaprovechar esta oportunidad única que la vida le había presentado. En muchas oportunidades se había echado atrás en el último minuto. La razón siempre era la misma: miedo. Miedo a que lo que iba a hacer funcione, miedo a lo desconocido, a lo que iba a suceder más adelante. Después de mucho tiempo había logrado entender que eso forma parte de la vida, y que no hay forma de evitarlo.

-Tenéis razón, Emilio. Esto es solo miedo a lo desconocido. Sé que puede funcionar. Sé que podemos tener éxito. Y creo que eso es lo que me da más miedo.

-Comprendo...

-No se trata tanto del miedo a que nos atrapen. El verdadero miedo creo que es el de volver a encontrarme con mi familia, después de tanto tiempo.

-¿Y por qué tendrías miedo de eso? -preguntó Emilio, sin comprender del todo a qué se refería Manolo.

-A ver... esto es lo que quiero decir. El miedo este es miedo al cambio. Miedo de que las otras personas hayan cambiado. ¿Qué tal si regreso a España y mi familia ya no me quiere ver? ¿Qué tal si ya se cansaron de mi?

-Pero, es tu familia, Manolo. ¿Por qué se cansarían de ti? ¿Por qué querrían dejar de verte?

-Pues... porque ya no me aguantan, tal vez. O porque se cansaron de vivir de esta forma, escondidos de todo y de todos.

-No creo que suceda nada de eso. Son solo creaciones de tu mente.

-Puede ser. En fin... solo el tiempo lo dirá -dijo Manolo, resignado.

ᘒ~~~ᘒ

Un día antes de la fuga, los cuatro estaban más nerviosos que nunca. La sensación solo se podía comparar a los nervios que siente un actor antes de salir a escena en un teatro. Pero no eran los nervios de cualquier actor, y no era cualquier teatro. Esto era similar a los momentos previos a estrenar una súper producción en Broadway: mucho tiempo de ensayo, mucha preparación y muchísimas expectativas. Tenían mucha presión para tener éxito, de cada uno de ellos en particular y de todo el grupo. También estaba la presión de los otros presos que los habían ayudado de uno u otro modo en la preparación del escape. Sabían que si lograban escapar le darían esperanzas a todos los que aún seguirían encerrados en la prisión por quién sabe cuánto tiempo más.

La actitud del grupo era cien por ciento positiva. Ni siquiera se les cruzaba por la cabeza la idea de que algo podía llegar a salir mal. Sabían por experiencias propias -o de otras personas- que pensar en resultados desfavorables podía tener consecuencias desastrosas. La noche anterior al día de la fuga, los cuatro pusieron en práctica un ejercicio sugerido por Guillermo. Consistía en una visualización que tenía por objetivo ayudarlos a memorizar los puntos más importantes del plan y -al mismo tiempo- prepararlos de la mejor manera para alcanzar el objetivo. Algo tan sencillo como cerrar los ojos antes de acostarse y repasar mentalmente el plan. Después de eso, concentrarse fuertemente en lo que cada uno quisiera lograr al estar en libertad. El punto más importante era intentar visualizar todos los detalles en su imaginación. Ariel ya conocía este tipo de ejercicios y los practicaba a menudo. Para Manolo y Emilio, en cambio, era algo totalmente nuevo. Ninguno de los dos creía en la utilidad de una visualización, pero de todos modos lo hicieron siguiendo las instrucciones de Guillermo al pie de la letra.

Capítulo 15

A las 10pm todas las luces de las celdas estaban apagadas. Unos 5 minutos después los guardiacárceles hicieron la primera ronda de inspección. Más tarde habría una segunda y última ronda, siempre con sus linternas prendidas, alrededor de la 1am. El objetivo era verificar que todos y cada uno de los reclusos estuvieran en sus celdas. Hasta las 6.30am, cuando todos debían despertarse, no habría otra ronda de inspección y conteo de presos. Comenzando a las 10.30pm, en total el grupo tenía alrededor de 2 horas y media para llevar a cabo la fuga. Según los cálculos de Emilio, el escape no les debería llevar más de 2 horas en total. Durante varias semanas debatieron sobre cuál sería el mejor horario para iniciar la fuga. Guillermo y Ariel decían que lo mejor era en plena madrugada, entre las 2 y las 3am. Emilio, en cambio, recomendaba empezar lo antes posible. Su argumento era que *"algunas veces las cosas pueden salir mal, y se puede perder más tiempo"*. En esos casos, empezar temprano les daría una segunda oportunidad. Manolo creía que las dos eran buenas opciones, pero se inclinaba más hacia empezar temprano. El detalle que terminó de decidir el plan era el horario de salida de las empleadas de la cárcel. Debían irse con el resto del grupo, por lo que eso terminó decidiendo el horario final.

Antes de entrar en los túneles que habían cavado, cada uno debía asegurarse de dejar su celda en perfectas condiciones. Debían colocar las cabezas y muñecos de papel y cartón en cada cama. Lo más importante eran las cabezas, que estaban pintadas con colorantes y hasta tenían cabello real. Eso era lo que iba a engañar a los guardiacárceles cuando pasaran a revisar las celdas en la inspección de la 1am. Si en esa inspección ningún guardia sospechaba nada, tenían el éxito casi asegurado. Por lejos, ese era el punto que más los preocupaba.

Después de colocar los muñecos dentro de las camas, simplemente debían poner las sábanas y acolchados de forma tal que simularan un bulto, la presencia de un cuerpo. Luego era cuestión de quitar la entrada del ducto de ventilación, meterse dentro y volver a poner la tapa en la entrada. Cada uno sabía cuál era el camino que debía seguir para no perderse. Para evitar contratiempos, Manolo se había tomado el trabajo de dibujar pequeños planos con los recorridos a la salida de cada ducto de ventilación. Eso era todo lo que necesitaban para llegar al punto de encuentro en el menor tiempo posible. Sabían dónde debían seguir avanzando o dónde debían doblar hacia la izquierda o hacia la derecha. La estructura de ventilación era bastante compleja, por lo que era una suerte contar con los mapas que había preparado Manolo.

Los ductos tenían el tamaño justo como para que pase un adulto. Manolo -con su cintura más ancha de lo normal- apenas pasaba por la abertura. Ninguno de sus compañeros había hecho comentarios sobre eso, pero los tres cruzaban los dedos para que el español no quedara atascado en el ducto de su celda.

Eso sí sería desastroso para los cuatro. Si bien tenían en sus manos los planos hechos por Manolo, sin duda iban a necesitar de su presencia.

Las paredes de los túneles estaban llenas de tierra y restos de grasa. Mientras se abría paso por el ducto, Guillermo pensaba: *"Si hubiera sido mecánico como quería mi papá ahora no sentiría estas náuseas"*. Después de todo, fue justamente esa la razón por la que eligió dedicarse a la peluquería. Nunca le habían gustado las herramientas pesadas, la grasa y todo lo que tenía que ver con mecánica. Pero ahora no tenía más opción que seguir adelante, con el olor a grasa y todo. El resto no estaba mucho mejor. Incluso Manolo, quien estaba acostumbrado a trabajar en este tipo de lugares, también sentía una fuerte repulsión al avanzar por el ducto de aire. El olor era realmente nauseabundo. La solución más práctica para contener la respiración era simplemente respirar por la boca. No era lo más agradable del mundo, ya que a la madrugada el aire en los ductos era más frío de lo normal. Más de una vez se detuvo con la intención de regresar a la celda, pero ya era demasiado tarde. Ya había avanzado bastante como para echarse atrás. Por otra parte, no quería perjudicar al resto del grupo. Ya le había prometido a Emilio que seguiría hasta las últimas consecuencias.

Emilio, a su vez, avanzaba a toda velocidad. Él también contenía la respiración o tomaba aire por la boca. Esta era la única oportunidad que tenían de abrirse paso hacia la libertad, y no podían darse el lujo de desaprovecharla. A diferencia del resto del grupo, él sí había tenido experiencias como estas –e incluso peores– en distintos momentos de su vida. Había vivido en hoteles de pésima categoría y en habitaciones infestadas con todos los insectos y plagas imaginables. El túnel –en comparación con todo eso– no estaba tan mal.

Para los cuatro, lo peor llegó en el último tramo de los ductos. Allí había decenas de goteras y filtraciones de agua. Un agua de color marrón oscuro que se filtraba por las grietas del metal de los túneles.

En esta última parte el olor ya era totalmente insoportable. Incluso respirando por la boca era imposible contener la sensación de asco y de desagrado. Al menos, como llevaban guantes, podían evitar ensuciarse las manos con el agua inmunda que no dejaba de filtrarse por todos los costados. Por momentos, se olvidaban de que estaban en medio de un plan de fuga y no podían pensar más que en el momento en que por fin terminara el túnel, de una vez por todas. De repente, el objetivo más importante era dejar de estar rodeados de toda esa inmundicia, librarse de la suciedad.

Cada uno logró llegar a la parte final de cada uno de los ductos y siguió el camino indicado por Manolo hacia el punto de encuentro. Al salir de los ductos todos sintieron una sensación de alivio y de libertad. Algo que solo se podía comparar con lo que estaban por vivir dentro de unas pocas horas. La sensación anticipada de libertad; lo que sentirían cuando finalmente lograran salir de la prisión en la que habían vivido ya durante varios años.

Capítulo 16

Diez minutos antes de lo planeado, los cuatro se encontraron en el lugar acordado. Habían tenido mucha suerte: ninguno había tardado más de lo previsto en salir de su celda individual. Podían decir que habían completado casi la mitad de la fuga, pero aún faltaba la parte más dura. Debían pasar por una zona que estaba llena de cámaras de seguridad. Aunque no había nada de luz, Manolo sabía que eran cámaras infrarrojas (podían captar movimientos incluso en total oscuridad). Él era el encargado de desactivar algunas de estas cámaras y de neutralizar otras. Esto no era nada nuevo para él. En varias oportunidades -al robar bancos en España- había hecho el mismo trabajo. Conocía perfectamente la ubicación estratégica de cada una de las cámaras (en todos los edificios eran las mismas). También sabía muy bien cómo desactivarlas en el orden correcto, para evitar cualquier tipo de imprevistos. El grupo confiaba plenamente en las habilidades técnicas de Manolo. Los tres lo miraban trabajar sin comprender en absoluto qué era lo que estaba haciendo. Manolo ya tenía más de 50 años, pero su dominio de la tecnología era mejor que el de alguien de 20 años de edad.

Uno a uno iban siguiendo a Manolo, quien lideraba la fila hacia el siguiente objetivo. En un momento dado, Manolo se detuvo y les hizo una seña: había llegado el momento de la transformación. En el punto de encuentro cada uno sacó una pequeña bolsa de ropa, la peluca y el maquillaje que les correspondía. Habían decidido que lo mejor era cambiarse en ese momento, en vez de hacerlo en la celda antes de emprender la fuga. La razón principal era evitar que se ensuciara su ropa o se malograra el maquillaje que se pondrían. Todos estaban perfectamente afeitados. Debían tener la piel lo más suave posible para que quienes los vieran tuvieran la impresión de que eran verdaderas mujeres (el maquillaje haría el resto). No tenían más opción que convertirse en mujeres, al menos por algunas horas. A Guillermo y Ariel no les incomodaba tener que hacerlo; de hecho, hasta les parecía divertido. Emilio no había hecho ningún comentario, pero era evidente que no le gustaba en lo más mínimo. El que se veía más incómodo era Manolo. Los demás conocían muy bien los prejuicios que tenía el español con respecto a los gays y a los travestis.

Mientras se cambiaban de ropa evitaban mirarse los unos a los otros. Aunque ya se habían visto desnudos en las duchas decenas de veces, esto era distinto. Estaban bastante nerviosos, y no podían pensar en otra cosa más que en ellos. El único que no pudo evitar mirar al resto fue Emilio. Mientras se cambiaba no dejaba de mirar a los demás, aunque solo le interesaba mirar la transformación de uno en particular: Ariel. Poco a poco, Ariel se iba transformando en una verdadera mujer. De los cuatro, sin dudas era el que aparentaba más a una mujer real. Emilio estaba maravillado. No podía creer que la transformación haya sido tan radical. *"Es una mujer. Es una mujer de verdad"*, pensó Emilio, sin quitar la vista de Ariel por un solo segundo. *"Y eso que aún ni siquiera se ha maquillado"*. Ariel apenas se había cambiado de ropa y se había colocado la peluca, pero eso ya era suficiente para cambiar totalmente su aspecto. Cuando empezó a maquillarse el cambio fue aún más notable. La piel increíblemente blanca, los labios pintados de rojo con una técnica impecable, el delineador y la sombra sobre los párpados. Aunque Ariel no era maquillador profesional no cabían dudas de que podría trabajar como uno si se lo propusiera.

Guillermo también tenía excelentes habilidades para maquillarse a sí mismo, pero no tenía la misma piel ni los rasgos femeninos que tenía Ariel. Así y todo logró un muy buen resultado. Después de auto-maquillarse, Guillermo siguió con Manolo y Emilio. Les aplicó el maquillaje con mucho cuidado, haciendo lo posible para crear un look muy personal para cada uno de ellos. El maquillaje debía ser lo suficientemente discreto para la ocasión, ya que se harían pasar por empleadas de limpieza que recién salían de terminar su jornada de trabajo. El secreto

-según Guillermo- estaba en "aplicar una buena base de maquillaje en crema para cubrir las imperfecciones de la piel". Luego, un poco de lápiz labial y algo de delineador sobre el contorno de los ojos. Con eso sería suficiente para dar una impresión mucho más femenina. Mientras les aplicaba el maquillaje hacía chistes y bromas, para que sus compañeros se distiendan un poco: *"Están quedando hermosas"*, les decía con una gran sonrisa. Emilio y Manolo mantenían el rostro serio, sin hacer comentarios. *"Lo único que lamento es no haber podido conseguir algún perfume o fragancia de mujer. Pero, después de todo, ¿quien usa perfume para ir a trabajar? Es cierto, no es necesario. En absoluto"*, comentó Guillermo, en voz baja.

Vestirse y maquillarse completamente les llevó casi media hora. Era exactamente lo que Guillermo había calculado al momento de planificar esta etapa. Cambiarse de ropa no llevaba más de cinco minutos, pero el maquillaje llevaba mucho más. Si todos hubieran sido capaces de auto-maquillarse, sin dudas, podrían haberlo hecho en menos tiempo aún. De todos modos, lo importante es que así y todo tenían tiempo de sobra para continuar con el resto del recorrido sin la menor presión. Cada uno tenía su propio reloj digital. Debían asegurarse de estar justo a tiempo para salir junto a las empleadas de la cárcel. Por si algo salía mal, todos y cada uno debía tener su reloj. Aunque tenían tiempo de sobra, no dejaban de mirar sus relojes cada cinco minutos.

Antes de seguir adelante se deshicieron de la ropa que tenían puesta anteriormente. Sin dudas, no podían llevarla consigo en lo que seguía. No tenía sentido arriesgarse a que alguien los revisara y encontrara la ropa que usaban en sus celdas. Por otra parte, una vez estuvieran en libertad no tendrían que volver a vestir esa ropa nunca más en sus vidas. Mientras caminaban, fantaseaban con la ropa que usarían después de escapar de la prisión. Con los trajes, los zapatos y las camisetas que usarían desde el día en que estuvieran afuera. Con la libertad de poder vestir lo que quisieran, en el momento que desearan hacerlo.

Capítulo 17

Manolo seguía al frente del grupo, ahora vestido de mujer. Estaban en la zona de oficinas de la cárcel, donde todos los días trabajaban el director y los empleados administrativos de la prisión. En esta parte del edificio, por suerte, prácticamente no había cámaras. Se suponía que ningún preso sería capaz de llegar hasta allí. Manolo iba desactivando o neutralizando cada una de las cámaras del pasillo principal de la cárcel. A medida que las iba apagando el resto del grupo podía avanzar algunos metros hasta que detectaban otra cámara de seguridad. Seguían un orden fijo, que era el orden con el que habían empezado a caminar una vez salieron de sus celdas. Al frente de todos iba Manolo, luego seguía Ariel, Guillermo y por último Emilio. Desde el principio, Emilio había insistido en ir último "para asegurarse de que nadie se quedara atrás". A todos les pareció bastante razonable. Desde un principio, Emilio había sido el encargado de liderar el plan. Por esa misma razón parecía perfectamente natural que fuera él quien tomara una mayor responsabilidad sobre los demás.

Justo antes de llegar a la parte final del pasillo principal, Emilio llamó a Guillermo para que lo ayude con algo "personal". Al mismo tiempo, le pidió a Manolo y a Ariel que siguieran adelante. *"En unos minutos los alcanzamos"*, les dijo en voz baja.

> -*¿Qué pasó? ¿Con qué cosa necesitás ayuda?* -le preguntó Guillermo poco después, un poco ansioso.
> -*Necesito que me ayudes con algo personal. Mira mi maquillaje. Creo que se corrió. ¿Se ve muy mal?*
> -*¿Es solo eso? Está bien, no se corrió el maquillaje* -respondió Guillermo enseguida, mirando impaciente hacia adelante, pensando en que Manolo y Ariel ya estaban bastante lejos.
> -*Mira. Tengo este paño para limpiarme el rostro. Mira…* -dijo Emilio, acercándoselo a Guillermo al rostro.

Al ver que Emilio acercaba el paño hacia su rostro, instintivamente Guillermo dio un paso hacia atrás. Con los años, había ganado demasiada experiencia como para caer en algo así. Él mismo, de hecho, había usado ese truco decenas de veces. Y había visto otras tantas veces cómo otras personas lo usaban para adormecer personas. Estaba seguro que se trataba de eso. No había otra opción.

-*¿Qué hacés?* -le dijo Guillermo, visiblemente enojado.

-*Intento mostrarte cómo usar el pañuelo para corregir el maquillaje* -dijo Emilio, como si lo hubieran acusado de algo gravísimo de forma injusta.

-*Ya te dije que no necesitás nada de eso. Tu maquillaje está perfectamente bien. Se ve bien. Por otra parte, no necesitás mostrarme cómo se aplica un pañuelo para quitar maquillaje. Sé muy bien cómo hacerlo.*

Emilio se dio cuenta de que tendría que poner en práctica el Plan B. Volvió a acercarse a Guillermo, esta vez sin el pañuelo. Lo miró a los ojos y le sonrió. Lo miró fijamente a los ojos durante unos momentos, con su mirada más seductora. Cuando estuvo a unos diez centímetros del rostro de su compañero, sopló fuertemente en dirección a sus ojos. Guillermo no pudo evitar cerrar los ojos durante unos segundos. Eso era todo lo que Emilio necesitaba. Fue entonces que aprovechó la oportunidad para volver a acercar el pañuelo al rostro de Guillermo. Esta vez no tuvo tiempo de anticipar el movimiento. Cuando el paño entró en contacto con su boca y nariz cayó desmayado de inmediato. El pañuelo tenía una sustancia anestesiante, lo suficientemente potente como para dejar inconsciente a una persona de forma instantánea. Emilio acomodó el cuerpo de Guillermo contra una pared, cuidando que no llame demasiado la atención. Guardó el pañuelo cuidadosamente en uno de sus bolsillos traseros, en caso de que necesitara usarlo nuevamente más adelante. Del otro bolsillo sacó una pequeña botella plástica llena de un líquido transparente. *"Mejor vuelvo a cargar el pañuelo con el líquido adormecedor. Nunca se sabe si puedo volver a necesitarlo"*, se dijo a sí mismo. Volvió a sacar el pañuelo de su bolsillo trasero y lo embebió en el líquido transparente. Seguidamente, volvió a colocar el pañuelo en el mismo bolsillo trasero del que lo había sacado. En el apuro, ni siquiera se dio cuenta de que había dejado la botella plástica en el suelo, junto al cuerpo inconsciente de Guillermo.

Sin perder más tiempo, empezó a caminar a paso rápido para alcanzar a sus dos compañeros que estaban más adelante. Sabía que Ariel sería el primero en preguntar por Guillermo. Y estaba preparado para responder de forma adecuada. Ya podía prever que querría volver hacia el lugar en que estaba Guillermo, y probablemente él tendría que acompañarlo hacia allí. Caminaba a toda velocidad, mirando de vez en cuando hacia atrás. Contaba mentalmente los metros que lo separaban de sus dos compañeros, que seguían mucho más adelante. Calculaba los minutos que lo separaban de la puerta principal de la cárcel, que lo separaban de la libertad. Y, al mismo tiempo, no podía dejar de preocuparse por lo que acababa de hacer. Pensaba en Guillermo. Sabía que el líquido adormecedor podía actuar por unos 20 o 30 minutos, pero así y todo temía que Guillermo se despertara. En algunas pocas ocasiones le había sucedido: el líquido no actuaba de la forma esperada, o duraba apenas un par de minutos. No había modo de preverlo. Si Guillermo se llegaba a despertar en menos tiempo estaba seguro de que habría problemas. Ya se imaginaba un enfrentamiento, una pelea de presos vestidos de mujeres. Sería una escena patética. Si sucediera eso los dos tendrían que luchar por sus vidas. En ese instante se le vino a la mente el recuerdo de la pelea en el baño. Sabía que él tenía más fuerza que Guillermo. Y también sabía que Guillermo estaría más enfadado que nunca. Probablemente querría matarlo. Pero, por ahora, mejor seguir caminando. No tenía sentido pensar en todo lo que podría ocurrir si Guillermo se despertara. Mejor seguir hacia adelante y no mirar hacia atrás.

Capítulo 18

Al reunirse con Manolo y Ariel, éste último le preguntó por Guillermo. Emilio le dijo lo que había preparado y repetido mentalmente durante los últimos minutos. *"Estaba muy descompuesto. No podía seguir caminando. Hice todo lo posible por convencerlo, pero no hubo caso. Intenté cargarlo, pero es muy pesado. En esas condiciones no va a poder pasar el control de seguridad. Lo van a dejar en guardia médica. No tiene sentido que todos nos arriesguemos por él. Lo siento mucho por él, pero tendrá que quedarse"*, fue la respuesta de Emilio. Era un buen argumento, pero Ariel no iba a abandonar a su pareja tan fácilmente.

-Regresemos. No podemos dejarlo atrás -insistió Ariel, mirando a Emilio.
-No puede seguir, ya te lo dije. Se siente mal, está tirado en el piso. No sé si hasta está inconsciente. No podemos esperarlo, queda poco tiempo -le dijo Emilio, intentando convencerlo de seguir adelante.

-Quiero ver cómo está -dijo Ariel-. Tal vez ya se siente mejor. Son apenas las 12.20am. Tenemos tiempo para regresar, volver y salir de la prisión. ¿Qué opinas, Manolo? ¿Tenemos tiempo de intentarlo?

-Si os movéis rápido, pues sí. Hay tiempo, pero no tanto. Si vais a hacerlo tiene que ser ahora. Yo los espero aquí.

Emilio intentó volver a argumentar nuevamente, pero no hubo caso. Ariel estaba totalmente determinado a volver para buscar a Guillermo. Por un momento, Emilio pensó que Ariel estaba tan enamorado de su pareja al punto de quedarse en prisión solo para acompañarlo. Sin perder un solo minuto más los dos empezaron a caminar a paso rápido hacia el sitio en que estaba Guillermo. En menos de 10 minutos estaban allí. Guillermo seguía en el suelo, en el mismo sitio en que Emilio lo había dejado.

-Wow… ahora está inconsciente. Esto es peor de lo que había visto. Así no puede seguir.

-Podemos cargarlo -le dijo Ariel, en tono de súplica.

-Imposible. Es muy pesado. Además, no sabemos cuándo despertará. No podemos cargarlo toda la noche. Tenemos que dejarlo atrás.

-Okay, sigue tú solo. Yo me quedaré aquí esperando a que despierte.

-¿Estás loca? -le dijo Emilio, sin darse cuenta de que por primera vez le hablaba como si fuera una mujer.

-Sí, estoy "loca". Estoy loca por Guillermo. No lo voy a dejar aquí. Él es mi vida. Los dos estamos destinados a estar juntos. Si él se queda aquí, yo me quedaré con él.

-¿No te das cuenta de lo que estás diciendo? ¿Estás dispuesta a perder tu libertad por quedarte aquí esperando a que despierte? En 20 minutos los guardias harán la recorrida nocturna de la 1am. Los van a encontrar acá. Y ya sabes qué va a ser lo que va a seguir después: el calabozo, el castigo, y una nueva

pena. Van a seguir viviendo aquí por el resto de sus
vidas, pero en las peores condiciones posibles.
-No me importa -dijo Ariel, con indiferencia.
-Te mereces algo mejor que eso. Ariel, te mereces
mucho más que eso. Te mereces algo mejor que
Guillermo. Salgamos juntos. Yo te puedo ofrecer algo
mejor que Guillermo. Lo que te mereces.

Ariel no prestaba atención a las palabras de Emilio.
Seguía mirando el cuerpo de Guillermo,
sacudiéndolo para intentar reanimarlo. En este
momento, lo único que le importaba era ayudar a su
pareja a recuperar la consciencia. Pensaba en todas
las formas en que podría llegar a reanimarlo.

-¿No tienes alcohol, o algún líquido con alcohol? -le
preguntó Ariel.
-No, solo tengo maquillaje. No tengo líquido para
quitar maquillaje. Lo siento -respondió Emilio, con
más frialdad que nunca.
-Algo para reanimarlo… algo para oler.

Fue entonces cuando vio un pequeño frasco junto al cuerpo de su pareja. En ese instante todo se volvió muy claro. En apenas un segundo Ariel se dio cuenta de que Guillermo no se había desmayado. Emilio lo había adormecido de forma intencional, para dejarlo atrás. Y, en su apuro, había olvidado el líquido para adormecer junto al cuerpo de Guillermo. ¿Por qué había hecho eso? ¿Por qué había traicionado de esa manera a la persona que había trabajado más que nadie, al que había hecho casi todo para que el grupo pudiera escapar de la prisión? La única explicación que encontraba era que Emilio estaba celoso de Guillermo. De pronto, recordó las palabras que recién le había dicho: *"Te mereces algo mejor que eso. Ariel, te mereces mucho más que eso. Te mereces algo mejor que Guillermo. Salgamos juntos"*. Ahora sí todo tenía sentido. Eso quería decir que Emilio estaba realmente interesado en él, en Ariel, pero como mujer. Para Ariel, eso no significaba nada. Emilio no le interesaba en absoluto. De hecho, ahora no sentía más que asco, repulsión y rechazo hacia él. Y estaba más seguro que nunca de que no iría a ninguna parte sin Guillermo, aunque eso significara pasar el resto de su vida en la cárcel.

Nunca en su vida había estado más confundido. Nunca había tenido tantas dudas sobre qué debía hacer, cuál era el siguiente paso. Acusar a Emilio, en la situación en que estaban ahora, no podía ayudar en nada. Ya sabía lo que sucedería: negaría todo y le diría que estaba loco. Inventaría alguna de sus excusas geniales. Una más de las que ya había usado decenas, cientos de veces en toda su vida. Si quería superar a alguien tan listo como Emilio iba a tener que actuar con más inteligencia que él. Debía pensar algo rápidamente. Los minutos seguían pasando a toda velocidad, y el desafío cada vez se hacía más y más grande. Si no hacía nada Emilio lo presionaría para irse sin Guillermo. Aunque, si intentaba algo, estaba seguro de que Emilio haría exactamente lo mismo. Haga lo que haga, él haría lo posible por convencerlo para regresar de inmediato.

Capítulo 19

Sin que Emilio lo vea, Ariel toma el frasco con su mano izquierda. Dándole la espalda a Emilio, rocía una buena cantidad sobre su mano derecha.

-*No tiene sentido esperar. Vamos. No puedes quedarte aquí, Ariel. Es un suicidio. En 15 minutos se van a prender las luces y los guardias van a hacer la inspección nocturna. Déjalo aquí y recupera tu libertad. O quédate a morir en la cárcel. Tú eliges.*
-*Quedémonos los tres. Aquí en la cárcel* -le dijo Ariel, con una sonrisa.
-*¿Estás loca? Vámonos ahora* -insistió Emilio, impaciente.
-*Si me quieres tanto y dices que quieres estar conmigo. Bueno, quédate aquí. ¿No te gustaría quedarte aquí en la cárcel, toda la vida?*
-*Okay, si quieres quedarte, quédate. Yo me largo.*
-*Espera… Antes de que te vayas…* -le dijo Ariel.

Se acercó lentamente a Emilio, mirándole fijamente los labios. Emilio sonrió, viendo cómo el rostro de Ariel -que ahora era un verdadero rostro de mujer- se acercaba cada vez más al suyo.

-*Cierra los ojos* -le pidió Ariel, con mirada seductora.

Emilio le obedeció de inmediato, anticipando la llegada del beso. Lo que siguió después es un recuerdo borroso: una mano sobre su boca, un olor repulsivo, y caer desmayado. Ariel mantuvo su mano fuertemente presionada contra el rostro de Emilio durante unos 10 segundos. Emilio no tardó casi nada en caer desmayado, sin tener tiempo a reaccionar.

Ariel miró el cuerpo de Guillermo, que seguía totalmente inmóvil. Vio a Emilio y pensó en que realmente era un maestro de la estafa y del engaño. Había sido capaz de engañar y embaucar a tres delincuentes expertos, cosa para nada sencilla. Volvió a mirar a Guillermo, pensando si realmente sería tan pesado como para cargarlo hasta el sitio en que Manolo los estaba esperando. El reloj marcaba las 12.46am. En menos de 15 minutos iba a empezar la inspección nocturna. Ariel no lo dudó un segundo: cargó el cuerpo de Guillermo con toda su fuerza y empezó a caminar de regreso. Después de caminar unos 10 o 15 metros se dio cuenta de que no lo iba a lograr. El cuerpo era demasiado pesado. De cualquier modo, Ariel no lo dejaría ahí en el suelo. Si se escapaba de la prisión sería con Guillermo. Y si no podían irse juntos prefería quedarse en la cárcel junto a él. Eso estaba fuera de discusión.

Miraba el reloj y veía que a medida que pasaban los segundos apenas avanzaba unos pocos metros, a paso de tortuga. Si seguía a este ritmo ni siquiera llegaría a tiempo a encontrarse con Manolo. Mientras caminaba no podía dejar de pensar cómo harían una vez llegaran a la entrada de la prisión. Ahí sí que necesitarían inventar algo muy original para que los guardias los dejaran pasar cargando a una persona inconsciente. Estaba imaginando posibles escenarios mentales, cuando escuchó una voz familiar: *"Ariel, ¿qué pasó? ¿Por qué me estás cargando?"*. Increíblemente, Guillermo se había despertado. Con gran esfuerzo logró abrir los ojos, como si acabara de despertar de una siesta de 12 horas. Ariel lo ayudó a ponerse de pie. *"Ahora no hay tiempo para explicaciones. Luego te cuento bien. Ahora hay que correr"*, le dijo, hablando a toda velocidad.

Guillermo no entendía nada de lo que estaba sucediendo, pero confiaba plenamente en Ariel. En este momento de su vida, era la única persona en la que podía confiar. Empezó a caminar y luego a correr, más dormido que despierto. Mientras corría de la mano de Ariel se acordó de lo último que había visto antes de caer desmayado. Todo apareció frente a sus ojos en un flash: el recuerdo del aire sobre sus ojos, la mano de Emilio sobre su rostro, y el olor a alcohol mezclado con alguna otra cosa indescriptible. Luego, la risa cínica de Emilio mientras veía cómo se le iban cerrando los ojos. Y la impotencia de no poder mover un solo dedo, ni de poder decir una palabra. Todo había sucedido en unos pocos segundos (o, tal vez, en solo una fracción de segundo). Mientras se le nublaba la mente no pensaba en otra cosa que en Ariel. Recordaba todos los momentos que habían compartido y pensaba en el futuro que habían planificado juntos. Nada de eso sucedería. Pensaba en que Ariel estaba mucho más adelante y probablemente se iría sin él. Pero, ahora, Ariel estaba a su lado. No podía creer que se hubiera despertado de esa pesadilla. Que hubiera recuperado la consciencia justo a tiempo para poder escapar de la prisión.

Ahora los dos corrían juntos hacia la salida, sin pensar en otra cosa que en el próximo objetivo. Mientras seguían avanzando a toda velocidad Ariel se preguntaba si Manolo aún los estaría esperando. Después de lo que había sucedido con Emilio ya no podía confiar en nadie. Ni siquiera en Manolo, aún cuando hasta ese mismo instante le hubiera inspirado toda la confianza del mundo. *"Como decía mi madre: el que te miente una vez te puede mentir un millón de veces más. Aunque, hasta ahora, Manolo no nos ha mentido",* pensaba a medida que caminaba a paso rápido.

Corrían de forma inconsciente, guiados por algo que iba más allá de ellos. Ariel tenía una pésima memoria visual, por lo que no era buena idea confiar en lo que recordaba del camino. Guillermo tampoco podía ayudar demasiado, porque esta era la primera vez que caminaba por esa zona de la cárcel. Afortunadamente, Ariel tenía una muy buena intuición. Siempre que se perdía sabía que podía confiar en su sentido de ubicación interna. Era una especie de brújula interna que le marcaba exactamente por dónde ir. Pasaban los minutos y no lograban ver la figura de Manolo por ningún lado. *"Seguramente ya se ha de haber ido. Vamos a tener que entregarnos y volver a nuestras celdas. No sé cómo alguna vez creímos que esto podía llegar a funcionar",* pensaba Ariel, mientras seguían caminando. Eran las 12.49am, y faltaban unos 10 minutos para que comience la inspección de madrugada.

Capítulo 20

-¡Un minuto más y me iba solo! -dijo Manolo, alegrándose al verlos nuevamente.

-Gracias, Manolo. ¡Vamos! -comentó Ariel, presionando fuertemente la mano de Guillermo para seguir avanzando.

-¿Dónde está Emilio? -preguntó Manolo.

-Quedó atrás.

-Okay, ahora sí no hay tiempo para esperarlo. Lo siento por él.

Eran las 12.52am. Tenían los minutos contados para salir por la puerta principal, antes de que se dieran cuenta de que no estaban en sus celdas o de que descubrieran los cortes de las cámaras de seguridad. Lo que seguía, teóricamente, era lo más fácil del plan (aunque también era lo más arriesgado). Simplemente tenían que salir por la puerta principal, simulando ser empleadas de limpieza que habían completado el turno nocturno. En una oportunidad, cuando le estaba cortando el cabello a uno de los empleados de la prisión, Guillermo había escuchado que uno de los turnos cambiaba a la 1am. Eso era todo lo que necesitaba saber. Gracias a ese único dato sabían que la 1am era el mejor horario para emprender la fuga. Coincidía con el momento previo a la inspección de seguridad y con el cambio de turno del personal de limpieza.

Al cruzar la puerta principal nadie les pidió identificación personal. Aparentemente, eso era solo necesario para ingresar a la prisión. Tuvieron tanta suerte que ni siquiera les preguntaron sus nombres. Los tres estaban preparados para responder unas pocas preguntas de identificación (nombre completo, horario de trabajo y área en la que trabajaban), aunque no necesitaron decir nada. Lo importante es que ya estaban afuera de la cárcel. Ahora debían aprovechar la hora siguiente para alejarse lo máximo posible de la prisión. Sabían perfectamente que en cualquier momento lo guardias descubrirían que no estaban o, peor aún, encontrarían a Emilio adormecido en medio del pasillo. Ariel se preguntaba qué haría Emilio al despertar. Estaba seguro de que intentaría escapar, pero sabía que sería demasiado tarde. Si intentaba salir de la prisión después de la 1am, los guardias de la entrada lo detendrían para interrogarlo. Y, efectivamente, eso fue lo que sucedió. Apenas recuperó la consciencia Emilio intentó escapar de la prisión. Para ese entonces, eran ya más de la 1.30am. Los guardias de la entrada lo detuvieron y le pidieron su identificación. Emilio hizo lo posible por evadir todas las preguntas, pero los guardias fueron demasiado insistentes. Finalmente, después de conversar durante unos 2 o 3 minutos, se dieron cuenta de que Emilio no tenía identificación de ningún tipo. Lo detuvieron de inmediato y en seguida descubrieron su verdadera identidad. Durante los meses que siguieron, Emilio intentó volver a aliarse con otros presos para volver a organizar una fuga. Pero, esta vez, ya nadie confiaba en él. Con el pasar de los días empezaron a correr rumores. Cuando vieron que Ariel, Guillermo y Manolo ya no estaban, empezaron a "atar cabos". Ninguno se creía el cuento que le contaban los guardiacárceles, la historia de que "los habían trasladado a otra cárcel". Todos sabían que ninguno de ellos -ni Ariel, ni Guillermo, ni Manolo- hubiera dejado atrás a Emilio, a menos que hubiera sucedido algo muy grave. Por eso, en menos de una semana todos los presos estaban hablando de "Emilio, el traidor". Nadie sabía exactamente qué es lo que había sucedido, pero todos intuían que había habido algún tipo de traición por parte de Emilio. Esa era la única explicación que había, la única razón por la que se podía entender que Emilio siguiera en la prisión y los demás estuvieran afuera. Irónicamente, la persona que había organizado todo fue la única que no logró fugarse.

ε ~ ~ ~ ϱ

A la 1.45am los tres que habían logrado escapar estaban listos para salir de Santiago de Chile. Al salir de la prisión fueron a la casa de uno de los contactos que tenía Manolo en Sudamérica. En tiempo récord consiguieron un auto y tres pasaportes listos para viajar al exterior. Tener contactos en distintas ciudades del mundo era algo que no tenía precio. Era más valioso que un seguro de vida multi-millonario o que todo el dinero que habían robado en todas sus vidas. Ahora que tenían el transporte y la documentación solo les faltaba algún modo de viajar internacionalmente. De las opciones disponibles el viaje aéreo era la más rápida y segura (viajar por agua podía ser mucho más barato, pero ninguno de los tres había tenido buenas experiencias viajando en barco). Los pasajes de avión los pagarían con una cuenta virtual de Manolo, que tenía una enorme suma de dinero en Bitcoins. Era una suerte que hubiera decidido crear esa cuenta virtual justo antes de viajar a Chile. Antes de hacer el pago debieron hacer una conversión de Bitcoins a dólares (ninguna aerolínea chilena aceptaba Bitcoins como medio de pago). El contacto de Manolo se ofreció a cambiarle el dinero allí mismo, por lo que los tres tenían el dinero listo para pagar los vuelos con dólares en efectivo.

Ariel y Guillermo no se sentían muy cómodos con el hecho de que Manolo les haya regalado dinero para los pasajes, pero no tenían más remedio que aceptarlo. *"Si no os sentís cómodos aceptando el dinero, podéis devolvérmelo cuando empecéis a ganar algo. No hay apuro"*, les dijo Manolo, para tranquilizarlos. Con el dinero que les había prestado tenían suficiente para volar a cualquier destino y para vivir durante unos dos o tres meses. La verdad es que no tenían ningún destino en mente: estaban listos para sacar un pasaje abierto a cualquier ciudad del mundo (preferentemente en Asia). Manolo, por su parte, sabía que no podía ir a otro lugar que a España. Por unos momentos pensó en que tal vez podía ocultarse en África por algunas semanas, pero enseguida descartó la idea. Después de mirar a Guillermo y a Ariel pensó: *"yo estoy en la misma situación que ellos. Si no puedo estar con mi familia, me da lo mismo estar en la cárcel o terminar muerto en una persecución"*. Tomó todo su dinero y fue directo al aeropuerto, listo a recuperar la única vida que quería vivir.

Other Books by the Author

Beginners (A1)

- Muerte en Buenos Aires
- Ana, estudiante
- Los novios
- Tango milonga
- Fútbol en Madrid

Pre Intermediates (A2)

- Laura no está
- Porteño Stand-up
- Un Yankee en Buenos Aires
- Pasaje de ida
- El Hacker

Intermediates (B1)

- Comedia de locos
- Amor online
- Crimen en Barcelona
- Viaje al futuro
- La última cena

Upper-Intermediates (B2)

- Perro que habla no muerde
- La maratón
- Marte: 2052
- El robo del siglo
- Llamada perdida

Advanced Learners (C1)

- El día del juicio
- La fuga
- Paranormal

High Advanced Learners (C2)

- La última apuesta
- Tsunami
- Elektra

Spanish Novels Series

https://spanishnovels.net

Printed in Great Britain
by Amazon